人生賽道，勇敢試也要勇敢放棄

劉宥彤——著

推薦序

寧靜在風雨之中

郭台銘　鴻海科技集團暨永齡基金會創辦人

創業有三個條件：堅忍的毅力、向前衝的傻勁、智慧比聰明重要。我一直認為Amanda是個符合創業家性格的人，而這樣的性格不僅適合創業，更適合在不確定的人生中為自己找出一條道路。

順境的人生人人會走，只是速度快慢而已，人要學著走逆境，而且越年輕越好，因為逆境才是真正學習成長的機會。Amanda把她從出社會至今的學習成長寫成這二十章的精華內容，對創業者、就職者、社會新鮮人都有可參考的價值。

我常說成功的人找方法，失敗的人找理由，有時要突破困難，首先需要有想突破的心態，可不可能，不是問題，問題是在行動。我認為Amanda一直是屬於行動派的人，做中學，學中做，就像她在其中一章描述「老猴子也要有新把戲」，她就是個永遠會找事情做的行動派。我常說天底下沒有完美的辦法，但一定有更好的辦法，Amanda對於「想辦法解決問題」的精神，非常值得年輕人學習。

從書中內容可以發現Amanda的人生職涯可以用「風雨生信心」來形容，但正所謂風雨中的寧靜，沒有風雨，哪來的寧靜？寧靜其實在風雨之中，風雨給的磨練，端看大家是否能用成長心態看世界。

很高興看到Amanda在基金會推動的各種工作帶給社會及許多人支持與力量。希望這本書有同樣的效果，也能帶給許多在人生或職涯上迷惘的朋友更多啟發。

推薦序

勇敢，是她的代名詞

謝馨慧　台灣奧美集團董事總經理

跟Amanda認識的這些年來，我們互動的關係，從最早的媒體記者跟公關人員，變成公司部屬與主管夥伴，再演化成客戶與代理商，目前進階成為互相支持打氣的心靈摯友。我們共同經歷了身為職業婦女、孩子母親、妻子伴侶的多重複合角色，承擔工作、生活、生命的各式兩難糾結的階段，彼此同理笑淚談心。因為我們兩人的個性，實在有著天南地北的差異，我從她身上總能學習到與我互補的難得特質。

為什麼這麼說呢？因為她是土向星座魔羯，我是風向星座天秤；她工作資歷身經百戰，我的職涯由始至終；她敢衝敢做，我平衡後動；她擁有舞台群眾閃亮魅力，我是屬於幕後協調統籌。在擔任她主管的數年中，她帶領公司內當時最大的團隊，服務最大營收的幾個客戶，她像是一個自帶power的福星，過關斬將，勇往直前，過程如戲劇般曲折變化。她總是一貫使命必達的做事態度，令我總是忍不住想要為她的勇敢起立鼓掌。

確實，如同這本書中她對自己人生賽道的精采故事分享，「勇敢」是Amanda的代名詞，那源自於一個樂觀而不服輸的哲學底蘊。她在人前微笑，轉身後就服用自我療癒的維他命；看待每一個挑戰，她都是勇敢接受，勇敢當責，勇敢承認贏與輸。她的世界由她自己創造，而她的勇敢讓她像神力女超人一樣，無所不能。

推薦序

學習當個沒有標準答案的成熟大人

龔建嘉 鮮乳坊創辦人

和Amanda認識以來，看到她在各種角色上的轉換，從永齡基金會到新創競技場，中途走上政治舞台，在不同領域中穿梭，如此勇敢的接受挑戰，總是讓人覺得不可思議又佩服無比。每次碰面聊天，她看似都能在這些挑戰中用輕鬆開放的方式面對。在這本書中，我終於看到了很多人生歷練所累積的智慧，從各種不同的工作經歷當中所獲得的寶貴經驗，包括和郭董的共事、創業的經驗等等，她大方的分享這些故事，實在精彩萬分。

我也很榮幸曾和書中所提到的天使佩玉姊、吉仁哥碰過面，甚至一起到高雄的永齡農場親身體會如何透過農場經營改變災民的人生，以及在地方上開創一條全新的農業之路。當時的感動至今仍難以忘懷，太多人說的比做的更多，而我看到的是他們在默默付出的過程中，一如既往的懷抱初心與改變世界的責任心，為夥伴們創造了一條共享的道路。

在一些性格上，似乎我也有與她相似之處，像是不喜歡尊崇權威以及特別愛問為什麼，時常被歸類在「反抗軍」行列，或許正是因為叛逆的個性才走上了創業之路。書中提到創業過程當中要有「審慎的樂觀」的性格，還有把幸運極大化的正面思考能力，才能夠找到面對未知的勇氣，這些我實在非常同意。我在創業前，覺得自己是一個運氣很差的人，因為從來沒有什麼偏財運，抽獎也永遠沒有我的份，但創業後才發現，所有的幸運都在每日的生活當中，無論是找到一群超棒的工作夥伴，還有許多非常照顧我的產業前輩，都讓我充滿感恩，總讓我每天忍不住驚呼真是太幸福，生活實在太有趣了！

還記得「鮮乳坊」剛成立的時候，因為對於想要解決產業結構性的問題充滿了熱忱，但卻缺乏資源，當時提了一個很不完整的乳牛獸醫實習計畫，厚著臉皮向永齡基金會提案。Amanda對我的計畫不但沒打槍，還給予好的建議，甚至透過基金會的力量共同支持這個教育學習計畫，順利讓超過六十位同學參與牧場的職涯前實習，並真實讓產業人才增加超過百分之十！Amanda就像一個俠女，帶著善意與熱情把影響力擴散出去。

從書中可以看到Amanda的人生觀，無論在工作上成功與否，在家庭中與時間分配當中，她都不忘「把愛列入輪值」。很多人會覺得越忙的人，家庭關係越沒辦法兼顧，但這偏偏就是值得重新調整生活步調的理由。建議大家重新思考工作的意義，希望可以在簡單滿足財務需求之外，讓責任感與價值等動機主導自己的選擇。前者足夠就好，後者則越多越好。

這不只是一本寫給想創業、當主管的人看的書，在社會上生活的每個人都很值得一看，含金量滿滿。從這些啟發當中，我們一起來學習當個沒有標準答案的成熟大人！

推薦文

隨時檢視自身的狀態，重新再平衡

江前緯　Hahow好學校共同創辦人

發掘自身所愛其實從來都不會太晚。我相信如果每個人都能嘗試多元興趣及領域，提升不同面向的觀點，對於個人成長、職涯選擇，甚至是社會，都會是一件有益的事，而這也與Hahow的願景初衷不謀而合。

書中提到了透過人生兩股弦「生存的匱乏」與「精神的匱乏」的互相牽動，找到自己適合做且喜歡做的事；對我而言，「平衡」與「適才適性」也是在Hahow團隊以及個人發展上最重要的關鍵字，這樣才能進行得更為長久，並帶給自身開心及滿足感（Ikigai），讓熱情帶你到更遠的地方。

作者不受限於就讀的科系、身份條件或任何社會賦予的價值觀，能不斷學習、勇敢試，也能勇敢放棄。我相信透過有意識的選擇，基本上沒有任何事情是該後悔的，就算不如預期，也會帶來成長。

面對職場的轉換期、迷惘期，本書整理出長期醞釀的職場心法，無論是位於職涯的什麼階段，都有機會獲得新的啟發！

推薦文

打開視野，看見自己的不平凡

許皓宜　諮商心理師

那是一個令人難忘的午後，我看著Amanda翩然走進，在我面前落坐。縱然是初次見面，笑談彼此生命經驗卻很快的從我們身上偷走了超過五個鐘頭的時間；於是我理解了何謂職場倫理、社會企業、公關危機處理，明白了怎麼評估創業的成敗，甚至打開了企業主和新創業者如何思維事物的視野。回家後我發現自己總忍不住想找人分享當天談話的心得，成天嘴上老掛著：「Amanda說……Amanda說……」我才明白，這些發生在她身上難得而寶貴的經驗，若有機會讓每個人都聽見，對我們人生該有多大的啟發？

當這些經驗開始落成文字的同時，我有幸和Amanda在某些專案上開始合作。當交集漸深，我也站往更近的位置望向她，彼此的關係除了喜悅和佩服，也混雜了更多喜怒哀樂。

坦白說，我並不是喜歡或敢於與人相近之人，但Amanda的豐富內涵和那不掩藏的真誠卻深深吸引著我，即便在工作衝撞中都有如實的反思與獲得。我想，那是因為她骨子裡的哲學本質，讓她思考事物總以「自省」為出發，而不輕易將生命的挫折成敗推諉於他人。這點，是深愛心理學者如我，最想將她的書寫推薦給眾人的原因。

在許多人心裡，大公司的CEO該像是雲端般的遙遠吧？我卻看她對各行各業、各式人種都睜著好奇雙眸不停發問。在大企業工作那麼久，該是十分會精算利益吧？我卻看見她無私助人的一份傻勁（？）和熱血。

在這本書裡，或許你會看見我也曾有過的驚奇：關於職場的、關於人生的，以及關於，如何成為一個好好活著的人。

祝福每位讀者，在閱讀過後也能照見，專屬於你的不平凡。

推薦文

每個人都是自己生命的練習生

張瑋軒 吾思傳媒（女人迷）創辦人暨執行長

我一直希望有更多的女性領導人能夠站出來分享自己的經驗，因為唯有更多女性能坦誠面對自己的性別與其際遇，讓更多人看見結構性的問題，我們才有機會讓更多年輕世代，讓更多人能學習前人經驗，有機會創造我們心目中的理想時代。

看見 Amanda 的這本書，我發現她是非常真誠的分享她的所見所聞，其中很多經驗都是我自己經歷過，也想盡辦法要克服的。譬如女性遇到工作與家庭的挑戰時，譬如遇到一個更高職務機會但是心中會害怕猶豫之時，她是如何為自己鍛鍊屬於自己人生的勇氣？

除了女性經驗，她在這本書中透過分享自己的故事，從不同人生與工作階段來做武功祕笈的傳承。無論是工作菜鳥、中階主管，還是正運籌帷幄的執行高難度的挑戰任務，她用一生淬煉出的智慧精華，給予這些讀者成功的線索，我看完後知道——她是一個有勇氣的人。

我們必須追求自己想要的，我們才有可能得到；我們要勇敢去問，才有可能找到答案；而我們也必須不斷的往前走，才有機會抵達遠方。作者透過她的故事，帶領我們看見她抵達的遠方，而最重要的，也是Amanda的期待——我們每個人都是自己生命的練習生。你讀完後，就能為自己練就屬於自己的勇敢，成就你想成為的模樣。

／推薦文＼

找到適合自己發揮的舞台

葉丙成　台大教授／無界塾創辦人

多年來，宥彤在我的認知裡是一位非常幹練的基金會執行長，在教育公益的領域推動了許多很有影響力的專案。我一直都很好奇，她是怎麼成為現在這樣專業的她。宥彤這本書主要講述她二十年來的職場經驗及工作的心路歷程。宥彤的工作經歷非常多元，如何在這些多變的職場環境中生存下來，她有很多的心得分享給大家。

在這個變化劇烈的時代，學歷頂多只能幫你「騙」到第一份工作，而第二份、第三份工作，人家看的是你的能力。如何在不同的工作中，讓自己更加突破跟成長，是非常重要的課題。另外，要怎麼樣在職涯的過程中了解自己的能力，也是非常重要。換工作不該是為了換而換，而是在了解自己的能力天份後，幫自己找到更適合自己發揮的下一個舞台。

在這本書中，宥彤分享了她多次轉換跑道的經驗。注意，是轉換跑道，而不是單純在原來的職業換個工作而已。轉換跑道是非常大的改變，但宥彤在每次的轉換跑道都讓自己有新的學習、新的成長。我最佩服的是她轉換跑道的勇氣，還有她能看到自己適合的舞台的眼光。如果你也是處於要不要轉換跑道的人生關卡，宥彤過去的經驗，很值得好好參考學習！

推薦文

重回賽道的智多星

蔡沁瑜　永齡基金會副執行長

「Amanda，你是智多星，你來想想辦法！」

在電話上說這話的是鴻海創辦人郭台銘，他習慣開擴音講電話，所以在座都聽得到。這是郭台銘對Amanda的形容，也常被我拿來虧她或是想不通事情時就cue智多星來想。

Amanda還有一種獨特魅力的樂天安慰法，每當我心裡過不去，暗自垂淚時，她總說：「先想一下最壞的。若最壞的能接受，或是不能接受但也解決不了，那就先去睡吧，睡醒都柳暗花明了。」我常覺得自己很正向，但她比我更正向一百倍。不知道這是她習慣性的語言，還是說智多星的腦子會分區塊去搜尋資料？和Amanda聊天，經常能被解惑和撫慰。

我們共同度過選舉後的修復期，不是難過沒選或沒選上，就是一種「傷」和「空」！她曾經問我，為什麼當有心人士散播謠言，暗地批評她時，我可以不為所動？

我回說：「因為別人說的是我不瞭解的你，那並不是我接觸的你。」

智多星在療傷之後重回賽道，這本書集結了她職涯的酸甜苦辣，也看得到面臨困境時她的思考邏輯與應對。你是否也想了解郭台銘先生口中的智多星？這本書可以給你答案。

推薦文

玩出自己喜歡的人生滋味

鄭俊德 「閱讀人」社群主編

我對一部談人生的日本廣告印象非常深刻，內容就是人生馬拉松比賽，當鳴槍後，所有跑者萬頭鑽動往前衝刺，有的人衝得老快，有的人懂得配速穩步前行，當然也有的似乎被推擠反而動彈不得。

這廣告有意思的地方是，在路跑過程中，有人遇到了心儀的對象結婚了，有的人選擇回家倒頭睡放棄比賽，有的人找了朋友暢飲去，也有的堅持到底持續往前。廣告的最後，主角說了一句話：「人生各自精彩，誰說人生是一場馬拉松？」留下了伏筆。

人生是馬拉松嗎？看起來是，因為在這條路上，我們與畢業同學競爭著大公司的面試機會，進入職場又跟同梯同事競賽著業績，賺取獎金與升遷，甚至慢慢成了家，又跟婚姻與孩子追逐著不多的時間，人生真的像是馬拉松。但其實人生也不是馬拉松，因為人生沒有絕對的輸贏，只要你懂得了一些道理，你可以更早跳出被設定好的賽局，玩出自己喜歡的人生滋味。

這本《人生賽道，勇敢試也要勇敢放棄》呼應了相同的精神。本書作者是劉宥彤小姐，曾任記者、公關、基金會執行長等職，多次擔當重任且是職業婦女的她，有更深刻的人生賽道感悟。這本書點明了「勇敢試也要勇敢放棄，人生才能精彩」，至於勇敢怎麼來，歡迎你到書裡找答案。

推薦文

二十五歲到五十五歲都必看的職場指南

謝文憲 實境節目《誰語爭鋒》導師

「人生三大遺憾：不會選擇，不斷選擇，不堅持選擇。」這是我在本書中，看到的最佳指引。

為了寫這篇推薦文，問了五位我跟Amanda的共同朋友，請大家談談對她的看法，結果不是嘖嘖稱奇、讚譽有加，就是有難言之隱，面露難色。

當我在霸王寒流的早晨，花兩小時看完本書後，隨即找出共同朋友觀點的背後理由，以及Amanda的處世原則與人生哲學。我發現：

一、她強硬，那是因為她職場初期所受的苦。當她無力面對軟弱的弱，才知道施展強硬的強。

二、她霸道，那是她面對貴人幫助、小人暗箭、長官提攜、前輩斥責後，所形成的保護色。那種光鮮亮麗的保護色下，有她最純真的個人風貌。

三、她溫暖，那是因為她受過人情之冷、政治現實後，回首體會人性溫暖的可貴。

四、她善解人意，那是因為她看過台灣大小災難、各地陰暗角落，嘗盡人生酸楚後，產生對人性的基本尊重。

五、她豐功偉業，那是因為她差點吃到蝙蝠，差點被黑道追殺，必須好好往上爬的穩健行為。

這是一本：遭遇瓶頸塞到、鳥事接連賽到、衝刺人生賽道，必看的一本好書，是二十五歲到五十五歲都會愛看的職場與人生賽道指南！

別問我那五位共同朋友是誰，你該問的是：「你的人生有沒有這麼多願意說真話的好朋友？」

自序

擁有不遺憾的人生

想像某一天，人生蒼暮，已至夕落，閉上眼睛的那一刻，墓誌銘上會寫什麼？如果人生「以終為始」來活，會不會有機會為自己設計一個「不遺憾的人生」？

有人問心理學家佛洛伊德（Sigmund Freud），對人生來說最重要的是什麼？他總結了兩句話：「努力愛人！努力工作！」

原來，「不遺憾的人生」簡單到只需要做這兩件事就夠了，但人生就是複雜到這兩件事常常做不好。

職場就是江湖，有人就有江湖。在一萬多個日子的職涯中，我推坑自己無數次，也曾想過千千萬萬次「早知道……就如何如何」，不管是找工作、追理想、創業、合夥、欠債、中年轉業、瘋狂斜槓，或是找尋人生的價值與意義，都是在江湖上闖盪。

我寫下這本書，是希望成為職場朋友們「早知道」的防身錦囊，但是也想提醒大家擁有「不遺憾的人生」。除了工作，還需要愛，用愛生活，會使自己幸福；用愛工作，會使很多人幸福。

目錄

第一部

準備期

在職涯剛開始時，不管做什麼都不要嫌棄小事，開車門、倒水都可以有學問。……為五斗米折腰並不可恥，它會適時緩衝一些莫名的人生堅持；而尋找人生意義，就如同給自己的人生一份儀式感，讓自己被需要、被肯定。

第二部

衝刺期

人在走狗屎運的時候，上天不會輕易放過你，一連串的挑戰才正要開始。但是請相信我，上天不會給你超出範圍能做的事情。如果你也正值事業需要衝刺時期卻又總遇到踩到大便的不順遂，別忘了一件事：每天力所能及的做好眼前該做的事。

第三部

修鍊期

這是一段琢磨自己的過程，對心性與能力的提升都大有幫助。……直至今日，我還常常要提醒自己不要落入「努力、自責、迷失、又更努力」的惡性循環中。在人生與職涯的修羅道場上，我們最重要的課題都是學著從中瞭解自己，發現自己，喜歡自己。

第四部

耐力賽

順其自然找到自己的生命節奏，努力鍛鍊強壯的心靈肌肉，化躲不開的挫折成為每一次逆勢反彈的力量。無需陷入「我希望」、「我期待」或「下訂單」的想像中，也不用滿足於暫時的安定與保護。從現在起，我們為自己做抉擇，時時行動，培養堅強的性格，主動創造自己想要的一切。

第一部

準備期

在職涯剛開始時，不管做什麼都不要嫌棄小事，開車門、倒水都可以有學問。……為五斗米折腰並不可恥，它會適時緩衝一些莫名的人生堅持；而尋找人生意義，就如同給自己的人生一份儀式感，讓自己被需要、被肯定。

01 沒有選擇會讓選擇更多

俗話說：「狗急跳牆。」你可以想像一隻跑得快喘不過氣的狗，舌頭伸得老長，牠進入一個死巷，後面有捕狗隊緊追不捨，這時，牠望見前面那堵牆，沒有思考、沒有猶豫，縱身一跳！就這麼一個瞬間，頭過身也過，牠又是一條好狗。

也許大家現在看我，說我是人生勝利組，但其實我家道中落，成年後凡事靠自己，求職條件各方面也不特別突出，這都讓我不得不去嘗試各種機會，加上從小父母離異，與奶奶一起生活，我為了生存，也需要不斷挑戰自己的舒適圈。從小到大，我的職涯發展可以說是這個「狗急跳牆」過程的總和。跳牆的過程並非總是順利，有時不小心撞得鼻青臉腫，有時湊巧有個洞可以鑽；運氣好時還飛越一道牆，開啟了新世界。總之，在過程中得不時變通，識時務者為俊傑。

也曾有段時間我常夢到被人追，醒來完全呈現身心俱疲、跑完馬拉松的心累狀態，後來才知道，原來好多人都做過這樣的夢。

相較於那些按部就班、職涯賽道清清楚楚的人，我希望藉由分享自己這「狗急跳牆」的職涯人生，把曾經做對或做錯的事稍加整理，讓那些和我一樣總感到被人追的朋友們，也能得到一些啟發，甚至是安慰。

茫茫大海中找浮木

我大學時唸的是哲學系，當時自認對於未來找工作幾乎沒幫助，於是去修會計系雙學位，但統計學四修不過，連拿到輔系證明的機會都很渺茫。那時會計這門課其實學得還算可以，甚至還去南陽街報名會計師考試的補習班。

我記得當時一大班超過三百人，晚點到還會被擠到最後面，和在大學教室上課前排都沒人的狀況差很多。有一次上補習班，吃飯休息時間結束，我從外面拎著飲料進來，忽然被眼前場景震撼住：前面兩排有很多人戴黑色袖套，多半自己帶便當，把握時間邊吃邊解題。他們白天很多都是在事務所工作，戴黑袖套是因為當時需要實體切傳票，手工寫帳本，那一雙雙黑袖套就像一種認證。那場景至今仍然讓我印象深刻。

在這當下，我體認到自己的努力根本搆不上職業賽道的水準。我的打怪等級不足，技能和裝備都有待加強，既不是學霸，又不夠認真，簡直就是去汙辱別人的夢想。所以最後我決定留大五延畢，先打工拖延時間。

既非名校也無偶包的最大好處，就是沒人會把對你的期待值訂很高，也不會有同儕壓力。在菁英主義及實用主義掛帥的大環境氛圍下，像我這樣賽道模糊、人生能見度如入五里霧中而且在學校找不到歸屬感的人，只好向外發展，什麼打工都做。

除了兼職之外，我每年暑假還去應徵正職，有時薪水好，就拖到不能再拖才回學校上課。很特別的是有一年，我在「開運印鑑」做會計，與其說是刻印店，事實上是命理店，有命理老師駐店算命。套用商業概念，就是高附加價值的印章店，提供了「命理」服務，而「變現」的交易是印章。「賣運氣」這件事永遠是門好生意。

從各種工作中，找自己

薪水最好的工作則是在金飾店做櫃台。奇怪的是，櫃上金飾不多且設計過時，老闆說我最重要的工作是看到警察就馬上按下櫃子旁的按鈕。原來，金飾店的背後是一家地下期貨公司。那時台灣錢淹腳目，什麼都能賭，玩家每天看盤研究深入，還能對原油、小麥、玉米、貴金屬等等說出一番大道理。他們還喜歡找櫃台妹子（就是我）聊天，這讓我的金融知識啟蒙得算早，而這些玩家輸贏的人生百態，也成了我的另類「體驗」。

而讓我發現自己有說話方面的專長，則來自於展場打工的經驗。當時無論電腦展、車展、音響展、攝影器材展等等，還有櫃台接待、產品展示、發傳單、活動表演或主持等工作，一檔接過一檔，那時我發現自己有個特異功能，就是說話不會累，有時甚至一天工作八小時連上十天班，仍然非常開心。

我甚至會被廠商當半個業務用，因為我對新鮮事物特別感興趣，所以常被派去「按耐」一些來不及招呼的客人。印象最深的是全球初始發表的一台「數位相機」，當時畫素才破百萬就要價上百萬台幣，而且好大一台！比照現在，科技的進步可真是一日千里。

我在大學時期找打工，並不會特別去考量是否與「學習」有關，就是純粹「為錢忙碌」。然而，透過廣泛接觸各行各業後，卻大量獲得「社會事」的各種常識。年輕的我還不知道這樣對我有什麼用處，但是面對形形色色的人，自己應付各種大大小小的事，增加了我獨立面對得與失的勇氣與耐受力，更重要的是，成就了我的厚臉皮。人生的經歷不會被浪費，它們總會在適當的時候回饋你，只不過我們通常對此不知不覺。

那兩股向上向下拉扯的弦

我常覺得，人生基本的動力來自匱乏感，如果「不缺」，就不會離開舒適圈。這種想法來自美國心理學家馬斯洛（Abraham Harold Maslow）提出的人類需求層次理論，其中最底層需要先被滿足的是生存的需求，而較高層的則是精神上的需求。

我認為讓人生保有動力的匱乏感有兩類，一種是對經濟的不安全感與期盼，我稱之為「生存的匱乏」；另一類則是渴望被肯定、被啟發、被需要、期盼自己更好等，我稱為「精神的匱乏」。

「生存的匱乏」可以說是離開舒適圈的最佳推手。因為若是人生沒有匱乏感，什麼都不缺，一旦發生精神上「不知為何而戰」又不知有何意義的人生低潮，就很容易放棄。

然而，我也認知到「求生存」與「找肯定」並不完全是一個前後線性的關係。回頭想想自身經驗，像我這種容易玻璃心碎的小魯蛇，在補習班裡見到黑色袖套職業隊就馬上被嚇退，無法想像自己能在那個領域裡出頭天，在心理層面上瞬間感覺被打敗，甚至也沒辦法為了生存繼續努力。

「生存的匱乏」與「精神的匱乏」是兩股弦，它們彼此纏繞，產生向上或向下的拉扯，牽引出人生方向。大部分的人都是在「求生存」和「找意義」之中跌跌撞撞，這兩股弦也無時無刻都在糾結拉扯。

每個人的賽道都清晰嗎？可能唸哲學的我感覺最混沌。記得我大學第一天上「哲學概論」時，老師開宗明義問：「哲學是什麼？」哲學乃愛智之學，是追求真理的學問，然而我就算比一般人多唸了四年哲學，與真理的距離卻連一公分都沒有縮短。

難道唸會計系的賽道就很清晰嗎？看起來似乎有明確可追尋的目標，卻也因為它太具體，讓人很容易知道自己的腳程能否在日落前攻頂。

現在很多人打工或實習，很重視能否學到有用的技能，或是能否在有名氣的大公司裡見習，增進人脈，但並不是所有人都有這樣的機會。因此，不管你做什麼都別氣餒；不管在那裡都不要嫌棄小事，開車門、倒水都有學問在其中。為五斗米折腰也不可恥，它還會訓練我們適時緩衝一些莫明的人生堅持，因為尋找意義、自我實現、自我認同、給自己的人生一份儀式感固然很重要，但這就像吃大餐一樣，每天都來也會消化不良。

如果你的賽道明確，也有足夠的動力向前，那就去乘風破浪、勇往直前吧！但是如果你像我一樣，人生賽道看來模糊不清，似乎沒有選擇，時常上演走一步、算一步的生存戲碼，那就放輕鬆的向前行，因為這代表了你哪裡都可以去，擁有無數的可能性。

至於我的故事後續呢？正當我考慮要不要賴在學校多唸一年大六時，遇到了人生中的貴人，一位電視節目製作人。他讓我在星期六早上不太有人看的時段擔任節目執行製作兼主持人，而我親愛的奶奶，一直是我的忠實觀眾。

02 把你的幸運極大化

如果常覺得自己運氣不好、大環境很糟糕、遇人不淑，會不會很好奇自己到底會衰到何時？什麼時候才能走運？有時候，遇到好運前可能必須經歷一連串磨難，或是身心煎熬，並且默默等待改變的契機……

我的第一個正式工作，是中視外製單位的節目執行製作，播出時段是週六上午十一點（這個時段都只有週六早起的阿公阿嬤在看）。在那個只有台視、中視、華視的老三台年代，所有觀眾的目光都集中在這三台，他們會把一些冷門時段外發給其他製作單位，這些製作公司再把「置入性行銷」的內容包裝播出，當時很多承包到冷門時段節目的老闆們都賺了不少錢。

面對未知，尋找走運的可能

我當時擔任的就是這類節目的執行製作，主要工作內容是寫稿、採訪、配音，加上處理雜事，這些項目占了九成，剩下的一成勉強算個主持人。在我一腳踏入這個「類演藝圈」時，也不免開始「想很多」，而人只要想很多，對未來開始感到茫然，就會想找神問、找廟拜，還有占星、塔羅、卜卦等等各種算命都去試，除了想預知未來，我認為大部分的人都是想找到面對未知的勇氣。

我年輕時對算命挺熱衷的。在那個迷惘又慌張的歲月，很想從別人口中找到一丁點「能紅」的機會。相信別人的幾句話比相信自己容易得多，憑藉未知找到勇氣就足以撐過看似遙遙無期、又不知為何而戰的人生。這樣的想法雖然懦弱，卻很真實。

有些算命老師看我問事後失望的樣子，還會安慰我說：「三十歲後應該可以順利一點……」現在想想，除了要我好好努力、改掉急躁的個性之外，老師們應該也沒什麼具體建議可以給我吧。那時的我想像中的三十歲，大概就和人生大限差不多重要，現在回頭看，反倒忍不住嘀咕：到底是誰給了三十歲這麼大的人生意義啊？

日復一日的出發、回航

之後有線電視興起，我陸續也接了一些工作機會。我當過歌唱節目、保齡球比賽，甚至是釣魚行腳節目主持人。我因為這節目體驗過攀岩、溯溪；在礁岩島上狠曬太陽；上厠所用三支雨傘遮擋解決。曾經有一次節目介紹海釣，半夜坐船出發，清晨到達釣點，為了不驚擾魚群，關掉了船的引擎動力，之後世界只剩海浪起伏的嘆息聲，連鳥都沒有。汪洋中的一條船飄盪在海上，三百六十度環場無差異的海平面，令人失去方向，加上暈船的痛苦，這時直視海面會有一種被惡魔召喚很想跳下去的衝動。

我在節目裡開場、串場、訪問釣友，在船上看似享受生魚片大餐，但心中充滿厭世感，腦中只想著何時上岸才能脫離苦海。年輕的職場人生，似乎就和這個場景差不多：事事勉力而為，時時失去方向，又常常受到社會魔性的召喚，看似在為人生奮鬥，但日復一日的出發、回航，著急又無奈。

主持節目的酬勞很低，所以能跟著釣魚團出國，算是在低薪情況下的福利，一種沒賺到錢但賺到玩的補償心態。有一次到帛琉出外景，那裡的天空很藍，第一次看到海水清澈見底，許多樹枝、樹葉被層層浪花推擠在岸邊，沒有油汙和垃圾的碼頭感覺很特別。

釣魚團要去的地方僅能靠無線電連繫，所幸落腳的旅館有供應熱水，每天有四輪傳動車可以接駁我們到釣點。過程中也有些奇特的經驗，比方說有一天晚餐我打開湯鍋，就看到一張齜牙咧嘴的蝙蝠臉，原來帛琉當地把蝙蝠當美食。幸好那時做節目沒有要求主持人什麼都要吃，不然這應該會變成我的人生陰影。

在帛琉這幾天，遺世獨立，單純過生活，需要的不多，想要的也沒有。發呆時會注意到陽光除了熱、辣之外，還會穿透樹葉如金箔般灑落地面。風兒撫面時帶著海水的鹹味，有時夾著植物的清新，甚至連石頭都會發出聲音。在叢林間與其他動物對視，就讓我想到躺在湯裡的那雙蝙蝠眼睛，全身起了雞皮疙瘩；還遇過當地人比手畫腳的提醒我們，路邊漂亮的植物不能碰，否則會全身發癢。

從旁觀者到參與者

帛琉是個釣魚天堂，每天釣友們此起彼落的享受魚兒上鉤的興奮感。有些釣友與我們同行多次，互動多了，我也開始可以幫忙顧釣竿。有一次忽然拉住一條了魚，魚開始奔逃，我在岩崖上拿著釣竿跳來跳去搭配驚聲尖叫，搞不清楚是我釣到魚還是被魚釣到。厲害的釣友接手後一陣拚搏，拉上岸的竟是一隻小鯊魚。

愛釣魚的人說，釣魚的樂趣就是在和魚之間鬥智鬥力的過程，當我真正體會過釣竿在手的感受，才知道旁觀者與參與者的不同。許多時候我們在職場或人生中都只願意做個旁觀者，行禮如儀的開場、過場，很會觀察、評論，以為自己是其中的一份子，但就和「不釣魚的節目主持人」一樣，心裡總是抱怨著周遭的不如意，投入程度很低，目標也不在當下，總是等待何時領錢、何時上岸、何時解脫，不斷想著現在這一步可否成為下一步的登高梯。

待在孤島的最後一天，忽然間雷電交加，下起傾盆大雨，所有人躲在礁石岩壁間避開雷電區。大家都像站在瀑布下，大雨滂沱中睜不開眼睛。等待車子來的時間彷彿過了一世紀，一回到飯店沖上熱水澡的那一刻，心中的幸福指數爆表。

換了乾淨的衣服，靜靜的在窗邊看著雨後的彩虹，沖刷過的大地帶有一種好聞的青草味。當時，我對自己說，請永遠記得這一刻，請在人生覺得累的時候想起現在，想起活在當下，想起雨中的自己，沒有其它想法，只有簡單的面對它、度過它。

這是一次特別的經驗，我體會到的是從厭世到入世，從「著急又茫然的無力感」到「面對當下認真參與的滿足感」。從來沒有人是先學好怎麼過人生，人生才開始的，所以算命時，我們或許問得出短期趨勢，卻很難全盤掌握與生命共舞的點點滴滴。

所謂的命定，可以解釋成像一個既定的生命幅度，我們跑不出這個幅度的設定，所以說：「命裡有時終須有，命裡無時莫強求。」然而「有」與「無」卻不是你說了算，也不是算命老師說了算，而是經過人生實踐印證的。

至於「運」就更有意思了。人生不可能一路低谷，一定充滿起伏，所以說哪有不走運的時候呢？再倒楣的人都有走運的機會。有位命理老師說過，他喜歡看到過幾年才走運的命盤，問他為什麼，他說這表示這個人還有時間經營和累積。人所累積的能量越大，爆發越大；蹲得越低就能跳得更高。走運也要遵循著「想怎麼收穫，先怎麼栽」的道理。

為自己尋找走運的時刻

領悟來自瞬間，特別的帛琉經驗為我帶來一些正面提醒與影響，但是接下來的人生仍要想辦法設定賽道才能前進。

我決定拿掉哲學系畢業的心理障礙，找找其它可能的工作。自己內心小劇場變強大後，其實不會馬上改變什麼客觀條件。找工作的過程果然不太順利，連適合投履歷的公司都不多。

我面試了幾家行銷企劃工作，好不容易被一個股市老師的公司錄取，才上第二天班就被叫去唸，問我為什麼下班後辦公桌上的東西沒收進抽屜鎖起來，正在一頭霧水時，就被老闆喝斥回家吃自己。當下我醒悟到，社會和學校最大的不同就是，根本沒有人會向你解釋哪裡做錯了，這也算是對社會新鮮人的震撼教育。

後來我去應徵一家知名直銷公司的行銷處長辦公室助理。直銷公司會辦理各種激勵活動，也需要拍攝影片，甚至偶爾要有人能上場主持帶動氣氛。綜合我的過往展場經驗與節目執行製作的打雜本領，面試時彼此相談甚歡，滿心歡喜的回家等通知，沒想到這一等就過了兩個星期。

那時沒有手機，也沒有電子郵件，每天待在家裡等電話，我會不時拿起來看電話有沒有壞掉，就這樣越等越失望，開始自我懷疑。

我想起在帛琉雨中那一日，答應自己要活在當下的承諾；我想起我不該旁觀我的人生，只是擔任批判與懷疑的角色，卻不認真參與。如果世界上只剩下這個機會，我該做些什麼呢？

於是，我直接衝去那家公司說明來意，想和面試我的處長會面。我想至少要知道他為何沒有錄用我。

結果令人意外的是，處長一見到我就對我表示抱歉，他說剛好最近幾週公司有大活動，大家都在忙才沒及時通知我去上班，最後他要我下星期一去報到。前後談話不到十分鐘，情勢大逆轉，雖然不知道我等在家裡會不會有一樣的結果，但我相信那天我一定在走運。

為自己累積走運的能量

我相信大運由天，小運由人，如果每個人都有運勢高低起伏，要怎麼把走運的時刻極大化呢？難道要掌握星座運勢、穿開運色、走開運方位或是看著「流月」「流日」過生活嗎？但人算不如天算，以有限的智識想參透無限的可能，並非人力可為。

有一次演講，有學生問我：「把幸運極大化的概念，放在賭徒身上怎麼說？是否應該每天無時無刻去賭，等著走運？」

這其中最大的差別在於人生有成本，有些成本付得起，有些付不起；有些成本應該付，有些付了卻容易血本無歸。小運來自人的努力，努力活在當下、加強專業、與人為善等等，有時只是努力「試試看」，起身當個人生參與者而不是旁觀者。運勢低時，在墊高累積，剛好走到運上，就能極大化每個小幸運。努力累積自己各方面的能力，有一天，當好運再次迸發時，極大化的全新自己就出現了。

個性和命運是一體兩面，或許命定的幅度不能改，但個性越有彈性，越有機會調整觀看生命的視角。而所謂的運，就是每次調整視角後，帶來變化的契機是否有被好好利用。我的人生因為這次找工作「試試看，死馬當活馬醫」的成功經驗，後來在很多關鍵時刻都幫助了我做出「更幸運」的選擇。

把幸運極大化，我相信每個人都可以用很低的成本「試試看」。

03 人生不靠準備靠累積

相較於過去不是打工就是到處趴趴走的傳播業，進入直銷公司變成固定時間打卡的上班族，讓我的身心安定不少，而且時間到了有薪水入帳，公司還有各種活動或員工旅遊等等。記得看過一本書名叫《哪有工作不委屈，不工作你會更委屈》，這句話完全反應出我當年的心聲。

這也是我第一次有了「很多」同事。認真回想，在公司好像哭過幾次，也曾覺得長官不公平，覺得壓力大，但現在已記不起哭的理由，更說不出有任何負面感受。這個過程的學習就是：在辦公室裡無論有什麼過不去或玻璃心碎的事，其實都只是誤會一場，最終發現上心的只有自己。所以最好還是將心力放在真正該在意的、會對人生起長遠作用的事情上，其它就放下吧，不然只會成為一顆情緒的陀螺，不斷被打著玩，轉得好累。

辦公室生存之道

上班族同事們聚在一起碎嘴八卦，應該是很多人的共同經驗。剛進入一個人生地不熟的環境，常把同事、老闆或公司的小道消息當成珍貴資訊，然而，在公司裡如何搜集資訊、判斷資訊、使用資訊，才是職場硬道理。若只是做別人的八卦二手傳播者，天天刷存在感，只會越刷越空虛，對人生、工作都沒什麼幫助。

實際上，在辦公室裡大家雖然嘴上不說，心裡多少都會對廣播電台或搬弄是非的同事存有戒心，長官或老闆們對八卦型人物的評價也不會太高；因此，別當「八卦製造機」是我從職場小螺絲釘到任管理職多年來，對辦公室文化做的最大註解。

在直銷公司擔任行銷處長助理半年後，由於公司參與了業界公協會組織，把這個協調窗口的任務交給我，而公協會組織代表人就是公司總經理，我也順勢「高升」變成總經理助理，負責一些專案。

總經理原本就有個祕書，處理日常大小事務。我的老闆對人客氣，還常請我們吃好料。這個工作的待遇不錯，事情不算多，離家又近，所以我的生活算是進入了小小的舒適圈。

有一天祕書請假，交接給我一些包括老闆行程等公事，我覺得沒什麼難度，不擔心會應付不來。老闆一到了公司，我跟進辦公室報告行程及一些事的處理進度。老闆以一貫有風度的點頭表示了解，等我把話說完，他帶著微笑，語氣柔和，卻嚴謹認真的對我說：「人出社會工作以後，必須開始懂得關照周圍人的需求，學習照顧別人，這是出社會的開始。」

接下來他半開玩笑指著空空的辦公桌，笑笑的對我說：「你已經不是在家做大小姐了，有些事要學著去做。」

原來，在老闆每天進辦公室之前，祕書都會先整理好他的辦公桌，倒好茶，順應老闆的習慣做好準備。而那天祕書不在，辦公桌上空蕩蕩的，我什麼事也沒做。

平淡的一段話，一個平靜的早晨，談不上什麼重大人生經歷或轉折，但我卻像是被東西砸到腦袋，心中悶悶的，似乎被敲醒了些什麼。

要有無需被提醒的自覺

直到現在，我還常把這件事分享給很多同事或朋友。我不覺得我被罵了，而是被點醒了出社會後該有的心態調整，彷彿上了一堂在社會工作的第一課。我的前老闆沒有著眼在「泡茶事件」上責備我，因為他知道，如果指正我的是這個事件，我很有可能會抱怨祕書為何不告訴我SOP，懷疑祕書心機很重想趁機害我之類的；又或者是內心把老闆定位成一個需要人照顧的媽寶，還自怨自艾的內在碎念：「我又不是來打雜的……」藉此逃避正視自己的不成熟。然而，這一切就在平靜又樸實無華的過程中，讓我心中小小的羞愧感無所遁形。

郭台銘先生有句話說，人要有「無需被提醒的自覺」，他的意思就是「要站在老闆的立場及高度來考慮處理事情的心態」。大家可能會問，實際上該自覺什麼呢？老闆到底在說什麼？他希望我做到什麼？有些人覺得既然想不出答案，就乾脆來抱怨「慣老闆」，該自覺的人應該是老闆吧！

我常聽許多人說都是因為老闆或長官根本不知道自己要什麼，才會要求員工要有「自覺」，要求員工要有「態度」。但如果問我什麼是「自覺」，我的理解是：「我可以為我自己『……』做些什麼？」如果不知道如何應付老闆或他人捉摸不定的標準，總是可以自覺到該為自己做些什麼吧。

為自己做些什麼

方法很簡單，前述句子裡的「……」可以填入任何你想完成的事，例如：我可以為我自己「想減重」做些什麼？我可以為我自己「不要遲到」做些什麼？我可以為我自己「不亂花錢」做些什麼？我可以為我自己「學好英文」做些什麼？

有人說，為何不是寫比較大範圍的？像是：「我可以為我的財富或人生做些什麼？」這樣當然也可以，不過如果寫得更聚焦或更具體，將範圍縮小，就更能增加自覺後立刻行動的可能性。從累積每天的小改變開始，漸漸的會發現某天忽然就減重了、守時了、存錢了、英文變好了、人生正向了、時來運轉了……。人生永遠沒有準備好的時候，變化都是累積而來的。

那個早晨我所領悟到的，並不是每天我都該好好去泡茶，爭著和祕書照顧老闆，而是知道自己該反省或思考出社會之後，心態上應有什麼轉變？我該關注他人的需求嗎？如何關注？關注什麼呢？所謂關注需求也不一定是要照顧他人生活，我的前老闆一定不會只希望我每天好好泡茶吧。所謂「無需被提醒的自覺」，重點應該不在取悅他人，而是去發現該為自己的成長做哪些累積。

職場中不能承受之輕

再舉一個例子來說明累積的重要。

我的現任老闆郭台銘先生是一位擅於用文字思考的人，他會在呈報的公文上詳細寫出他的策略、決定及利弊分析，在每一份公文上都鉅細靡遺，也會批示還需要哪些人的意見和看法。還沒退休前的郭台銘先生除了一個公事包之外，還會有一個鴻海公司的提袋裝著待批示的公文，他會利用時間處理公事，出門總會帶上這些。

郭台銘先生是集團的超級業務和強大的資源串連者，談生意時大老闆們總會天馬行空，探索最大的可能，每每提及不同事項，就要有不同單位的人出面對接；每回依出行目的不同，隨行人員也不同。鴻海業態龐大，幕僚單位很難有哪個人可以掌握全部的訊息，所以每次出門幕僚都不少。許多人會爭相提著「郭台銘的公事包」，但常在被點名對接業務後，把「公事包」交給下一個人，也因此發生過幾次「公事包流浪記」。

在此我無意批評任何曾經丟包的幕僚，因為「郭台銘的公事包」真的是個很難的功課。在這個需要戰功彪炳的集團中，當然不能只是提公事包而已，在有了其他任務後，到底要把「公事包」交給誰呢？這可真是「職場中不能承受之輕」啊。

記得有一次因公出國，到了目的地，一行人匆匆出關，而郭先生走路非常快，大家會把跟上郭先生的腳程當目標。一離開航廈就有安排好的車子來接駁，這時後面有人跑上來跟他說，同行者有人體溫檢查沒過關，現在被留下來等待複查，隨行醫生陪同中。

郭先生望了望四周，看到我，點名問我知不知道這件事。我回答說有感覺到後面的人有狀況，但沒停下來了解。他當時就對我說了這句：「人要有無需被提醒的自覺。」接著上車離開了。

坦白說，當下我的心裡百般不是滋味。我心裡嘟噥著自己既不是醫生，又沒有被交辦應該去處理這種偶發事件，總覺得被老闆誤會，或是莫名其妙遭到責備了。而且當時也有人把一切處理好，真的沒有需要我去做的事，那我到底要「自覺」什麼呢？

人生永遠不會準備完好

我沒有問過郭先生答案，也不覺得他會記得這種小事，但我忍不住又回想起當年那個平靜的早晨。不同的是過了快二十年，我在經歷過各種工作後，已算一個職場老鳥，創過業，做過公關、業務，遠比一般上班族更了解在職場中如何關照他人需求，那麼現在又是怎麼回事呢？

面對真實的自己，或許我其實只想關照被老闆看見的需求。我在離開機場航廈的那段路上，心裡所想最重要的是跟上腳步，就算聽到異樣喧嘩聲，也只把眼睛看向前方，而這樣的態度，對團隊或組織沒有任何幫助，甚至只能淪為馬屁精的層次而已。

我們或許從小就學習著樣樣努力要被看見，想想我們小時候準備考試不就是這樣：沒考的不用唸，對升學沒幫助的不用做；感覺上似乎目標明確、賽道清晰，於是一旦有人告訴我們要有「無需被提醒的自覺」時，我們想要搞懂的，也只是如何在對方的記分卡上為自己爭取得分罷了。

不如回到「我可以為我自己的……做些什麼」這問題的答案上吧，雖然不保證有了這樣的自覺，我們就能完勝世界，但是在面對模糊人生、面對友善或不友善的世界、面對永遠搞不清楚在想什麼的老闆、面對總是出難題的客戶或親友還有自己時，我們總是可以透過自覺，找出一些能做的事。

面對人生，我們永遠都不會「準備完好」，但一定可以用一些方法「好好累積」。

04 笑與淚都會讓人變勇敢

當了大約一年多的上班族，我非常感恩那些日子和許多善良的同事們一起工作，度過了一段平和靜好的人生。近幾年，我還在路上巧遇過前老闆，他的臉上仍然掛著一抹微笑，風度翩翩，似乎沒經過什麼歲月洗禮，可能都是吃他們家產品永保青春的緣故。那段日子，我的心裡其實對他充滿感激，卻從沒表示過，直到現在才寫下這些心情。

如果說工作有分成文武兩類，那我當時可以說是武將做文官的概念。日子過得平和安穩，卻總覺得缺少衝鋒陷陣那種讓心臟跳動的感受。說不上哪裡不好，就是感到一股揮之不去的沉悶。

剛好有一天，我在百貨公司地下街吃飯，看到台視招考記者的廣告。那時還沒有網路，必須用回郵信封索取簡章報名。而沒有網路的好處就是無法搜尋到什麼資訊或網友意見，加上我也沒什麼這方面的人脈可以諮詢，於是就「憨人憨膽」的報了名。

夢想還是要有的

到了考場我才發現，當時應考的人數多到需要借用一所小學才夠。我那間教室的監考官，就是電視上才看得到的主播趙心屏，當下覺得好神奇啊。

印象中那時要考的科目有新聞英文和新聞學之類的，但是其實都不會寫。真不知我到底是哪裡來的自信？所以我常說，人一定要好好珍惜年輕時衝動的本能啊。

那時我見識到人山人海的報考者，心想當個電視台記者一定超讚，再加上我自覺這輩子只有說話這件事比較拿手，又不想當上班族，就試試去當個記者吧！我壓根沒想到自己的「不行」，只想到自己「想要」，況且我先前對主持節目的想望還沒被澆熄，所以在考完台視的試場震撼後沒多久，我又去報名了華視。

還記得之前我提過「將幸運極大化」的心法嗎？如果我的人生有什麼最心虛、最走狗屎運的事，那就是去華視考試。如果要我再考一次新聞英文和新聞學，我應該還是會交白卷，但在當時，大環境的變化帶來了契機。

即使當時以民眾的收視習慣來看，三家無線電視台不論一般節目或電視新聞都掌握了超過二位數的收視率，但由於有線電視台推出了二十四小時的新聞台，加上各台開始大量購置SNG轉播車，增加現場連線需求，華視也首次改變了晉用新記者的考試方式，於是這次的考試著重在即席播報的能力。

我當然無法預料到有這樣的改變，也因此才會說：「任何人想走狗屎運，前提還是要先開始去試試看。」就如同中國富商馬雲說過：「夢想還是要有的，萬一成功了呢。」

千萬別拘泥在失敗的黑歷史，或深陷在那些不提永遠不會有人知道的事。就像有誰知道我曾經去台視考試交了白卷呢？過去就讓它過去吧。

接踵而來的挑戰

即席播報考試很刺激。我一進入攝影棚，只記得燈光很亮，除了自己之外，其他人都在暗處，根本看不清是誰掌握了你的生死。每個人都是在前一位進去播報時才拿到三則新聞內容稿，接著馬上輪到自己拿著稿子對著攝影機播報。我有一種能力，就是擁有快速的暫存記憶體，可以在短時間內記得一些事的來龍去脈，但也很快就會全部忘記。用在考試臨時抱佛腳，尤其是要準備的內容不太多的時候挺有用的。更沒想到竟然能在這個即席播報考試的關鍵時刻派上用場。

之後收到了錄取通知，我去華視報到，還聽到有同事說考試時有個很厲害的人，可以完全不看稿就播報，雖然不知道是不是在講我，但這次戲劇化的人生轉變，再次強化了我對「不試你怎麼知道」、「把幸運極大化」的信念。

進到華視後第一個感受是待遇很夢幻，像公務員一樣用職等敘薪，大學畢業進新聞部月薪超過五萬，研究所還超過六萬。不過新聞工作的工時比較長，但也有固定的加班津貼。另外，這裡是月初先領薪才工作，並有各種西裝代金、皮鞋代金、旅遊代金等等，好像有各式各樣的理由可以發錢給大家，一年加上年終獎金可以領到十七、八個月。不過好景不長，在媒體開放之後，現在的電視記者也算是血汗勞工，三台早就沒有以往那樣優勢的條件了。

待遇雖然夢幻，但挑戰接連襲來。我畢竟是靠著一點小天份和運氣矇進了電視台，從沒做過新聞工作，立刻就露出了馬腳。我在考試時為了即時把記得的東西吐出來，語速很快，但回到日常播報就被嫌棄根本沒有掌握到新聞的節奏，配音時也咬字不清，缺乏對新聞的認知。當時每天下班要留在公司自我訓練和檢討，同梯的只有我和另一個男生被分配去跑社會新聞，而這時竟發生了當年驚天動地的白曉燕綁架案。

天兵記者的小白生涯

現在反省起來，我應該是屬於很「天」的那種記者，也就是搞不清楚狀況的小白（痴）。

新聞記者通常彼此工作獨立，除了監督自己新聞的長官以外，會互相影響的通常是文字記者與攝影記者之間的合作。那時三台攝影記者都非常資深，他們最討厭小白。

發生了白曉燕命案當時，我被分配上大夜班，每天要去桃園檢警專案小組守夜，時間一到，攝影記者會拿他們的攝影機和腳架，而文字記者要背著裝有麥克風和電池的採訪包出門。某天，我只聽見趕著出門的攝影記者說採訪包放桌上，叫我趕快去拿並追上，我雖然覺得那個包看起來怪，但也沒想太多，拿了就丟在採訪車後車廂出發去桃園。

守夜時間絕大部分都是無聊到爆，那時又沒有手機可以滑，案情陷入膠著時，除了媒體間偶爾聊天打屁，互探消息，大部分時間都是在採訪車上半睡半醒的等待。

我當時睡到一個不省人事，忽然間被一陣騷動驚醒，看來是有大人物來調查中心了。所有媒體一下蜂擁而上，攝影抓了攝影機就去卡位，而我在睡眼惺忪中，趕緊到後車廂打開採訪包要拿麥克風，卻頓時呆站原地。我這個包裡面，竟然只有內衣褲！原來我拿錯了其他攝影記者剛出差回來的行李。這件天兵行為，足夠讓新聞部笑上好幾天。

我到新聞部遇上的第一個颱風，官方發布了停班停課的消息。我一面不安又一面懷疑的鼓起勇氣打給長官，支吾的問說：「請問……我們要上班嗎？」只聽見長官沒好氣的拖長尾音回答：「要啊，還要多帶兩套衣服來換！」掛上電話時，我恨不得用棉被把自己悶死，並兩手掐住自己的脖子說：「就讓你這個小白死在自己的手上吧！」

社會線記者每天的工作就是報導天災人禍。不知道是因為真的缺人手，還是我太欠磨練，或是長官喜歡給我機會表現，雖然我責任範圍在台北市，但半夜很常接到長官的電話調派我去台北縣（現在的新北市）支援槍擊案或重大車禍火警等。那時採訪完畢發了晨間新聞後，還要在上午跟進重做成午間新聞，雖然不只一次發生新聞影片中出現黑畫面，或是其它出包狀況，然後被長官釘在牆上，但是漸漸的也開始熟門熟路，漸入佳境了。

笑與淚中的成長

那幾年社會不太平靜，空難就採訪了幾回。華航大園空難發生當時，遇到農曆過年值班，本來正等著機場記者傳回中央銀行總裁許遠東回國的訪問，沒想到收到的卻是墜機且多人罹難的消息，一下失去了幾百條寶貴的性命。後續又遇到國華空難，整夜待在海邊等待救難時，不斷謠傳有人被救援或是撈到屍體，但到了隔天早晨，看到救難人員陸陸續續帶回的都是屍塊。原來，在重力加速度下，從高空落下的機體墜入海中與撞上堅硬陸地的結果並無不同，整架飛機瞬間成了碎片殘骸。但和大園空難橫屍遍野，血肉模糊的人間煉獄相比，從海裡撈回的屍塊都被海水洗刷得有點慘白。

鑑識人員為了後續進行ＤＮＡ辨識將屍塊排在岸邊，放上編號，屍塊遠遠的看起來很不真實，很難想像也無法連結到這些部分原本都是活生生的人。一種沉悶感加上黏膩的海風，讓人感覺喘不過氣。

我還到過花蓮採訪空軍撞山意外。當時數名優秀軍官喪生，我到靈堂向死者致意時，心裡曾經升起小小自我反省的聲音：媒體的關注與採訪，對於失去至愛的家屬而言，到底是幫助還是傷害？

而在九二一大地震發生當時，我剛好在出國採訪回程的飛機上，所以沒有經歷到那個天搖地動的夜晚。我還記得飛機在預定降落桃園機場前的兩小時，聽到了機師廣播：「由台灣傳來的消息指出台灣發生規模超過七級以上的大地震，目前情況未明，是否能降落中正機場還需等進一步通知。」這個消息震驚了飛機上的所有人，引起一片騷動不安，順利落地後知道家中無恙，回到辦公室，長官的第一句話是：「歡迎來到地獄。」

前往災區度過幾個星期，許多學校的活動中心成了臨時停屍間。處處斷壁殘垣，整片被地震腰斬的建築物都被圍起一層層封鎖線。到處都是哭得肝腸寸斷的人們。我們只能用畫面、用筆、用口頭播報來描述現場的一切，但一定不足以傳達出人們苦痛的萬分之一。

在這個天兵記者的生涯中，交織著笑與淚的那幾年，內心成長且勇敢了不少。記者其實是個無情又有情的工作，當我試圖抽離自己看看世界時，發現每個人距離死亡都比想像中更加接近；意外也不是意外，而是每天發生的日常。

平凡的幸福得來不易，有時好好活著就該感恩，再大的災難、再爆炸性的新聞，差別都只在延續的時間長短。或許人生真的沒有什麼過不去的事，只有自己願不願意讓它過去而已。

05 勇敢試也要勇敢放棄

進入華視的第四年，我在反覆操練下洗去剛入行的青澀，大約也是從那時開始，有更多電視台女記者跑社會新聞。當時每天接觸最多的，就是警察局和消防隊。大多數人遇到緊急需救命的事，第一時間是打電話給一一九，所以消防局的情報對直擊第一現場非常重要。隨著新聞業的競爭越來越激烈，記者們都想發掘到更多第一手消息，我的線民就擴展到了殯葬業。

當時我有位線民叫「要命的小方」，只要接到他的電話，就表示有人掛點了。通常警察被通報發現無名屍時，還會通知配合處理的殯葬業者，於是從「要命的小方」那裡更能早點掌握獨家。

這些工作每日都會接觸到各種社會面貌、市井小民、販夫走卒，漸漸的，小女孩也開始有了一點大姐頭的味道。而我從中學習到的是適應環境、適應心境，人生的面向有多廣，彈性就有多大。

大環境帶來的改變

時序來到二〇〇〇年，又稱千禧年，人類興奮又躁鬱的要跨越一個世紀，不管是歡欣鼓舞的迎向新紀元，還是隱約對未知感到擔憂。

那一年，台灣首次政黨輪替，終結了國民黨五十五年的一黨專政。民進黨陳水扁選上總統，也誕生了第一位女性副總統呂秀蓮。在黨政軍保護下的老三台，地位與利益開始動搖；而全世界為網際網路瘋狂，即使那時還是撥接上網，相關應用尚未成熟。

一九九九年，科技圈泡沫鼎盛時期，一共有五百四十六家公司在美申請首次公開募股（IPO），其中一百一十七家科技公司在上市第一天股價增長超過百分之百，而最瘋狂的VA Linux在上市第一天，股價就暴漲七三三%，到處都有吹捧網路公司的夢幻故事。

但是二〇〇〇年爆發了經濟危機，科技公司股價瞬間崩塌，納斯達克指數從五千點狂瀉六十六％，亞馬遜的股價從一百多美元下跌到個位數。這一年的世界既瘋狂又不安，或許這樣的磁場，讓大家都很想「改變」。

相對於整個世界趨勢，老三台的變化卻是溫水煮青蛙，無法遺忘的往日榮耀，漸漸成為前輩們拿來說嘴的傳奇。在媒體開放的初期，儘管百家爭鳴，但有線電視的滲透率大約還在六到七成間，無線電視台仍擁有普及全國的優勢。

當時的電視新聞面對各台競爭也開始需要吸引觀眾眼球，以討好視聽大眾為目標。有很長一段時間社會新聞當道，每天的七點晚間新聞頭條都是社會案件或重大火災、車禍。華視找來了李四端先生主導晚間新聞，除了播報外，也掌管新聞走向，而且為了要突顯深度報導的特色，每個記者除了日常採訪外，還要製作專題。

從專題報導看見人生百態

我曾為了一個專題到少年監獄採訪過集體虐殺少女的重刑犯。要見他之前，心中忐忑不安，做好了心理準備要去面對的是「魔」，但是，在見到面時，我卻有了一種恍惚感，那少年就僅僅是個少年，甚至比在路邊擦身而過的年輕孩子還普通，說話的內容也很一般，不禁會讓人懷疑他當時犯案，應該是被邪靈附身了吧。

還有一次是為了報導礦工家庭故事進入末代礦坑。全盛時期的礦業撐起了半世紀的風華，礦工家庭有笑有淚，時代下的小人物並沒有想像中悲情，更多的是默然扛起生養後代責任的認命。

也曾製作過一個「何處尋寶」的新聞專題，當年發生了銀行金庫監守自盜案，大批黃金被竊，金塊其實非常重，不可能移動迅速或到處搬運，但是這麼多年沒抓到人也沒找到金子，所以金子的下落呢？或許真的藏在台灣某處，某天會被人意外發現。

其中有個從沒播出的專題，卻是我電視記者生涯中最難忘的一段。

華視公司的位置在最繁華的台北市東區，我那時發現公司附近有「職業乞丐」，刮風下雨都出現在同一地點，穿同一套服裝。他會刻意露出少了手掌的那隻手，求人憐憫，並不斷點地磕頭搏取過路人的愛心。他有固定上下班時間，時間到了會默默起身進入一旁巷道換裝，在附近便利商店將當天所得更換成大鈔並買煙買酒，接著等轎車來接他，看來生活過得並不差。經過了幾天觀察跟拍，我決定將這件事做成新聞專題。我認為這種職業行為是在騙取社會大眾的同情。

稿子寫好交到編輯台，影片還在剪接，我就被李四端主播叫過去，問我說這專題是想表達什麼意思？

面對這突來的質疑，我有點不知所措，怯懦的回答：「這樣不道德。」

李四端問了我一句：「這個人是不是真的殘障者？」接著靜默的一分鐘，好像有一世紀之久，偌大吵雜的新聞部，好像只有我進入真空狀態。

平常我們這些小記者不常和晚間主播有交流，結果他第一次認識我的方式，就是讓我知道，我的行為看來只是個欺壓弱勢的文化流氓。

從震撼教育看到自己的問題

新聞部在晚間新聞前很緊繃，記者被抓去釘個幾回也是日常，不太有人關心拿掉某條新聞這類小事，但我想，當時心裡應該多少有咒罵李四端一下吧。

不過仔細探究自己內心，可能更多的是對自我的懷疑，懷疑自己是否因為非新聞專業背景出身，所以缺乏新聞倫理及價值的思維？這件事的核心不在於新聞做得好不好，而是該不該，以及擁有輿論權是否能有所為及有所不為。

後來的職場人生，我也常會想起這段往事，除了小職員的震撼教育外，我也體會到在不斷斜槓的發展中，每到一個新領域卻沒有堅固學理基礎時，多少會影響處在職場的自信心，尤其是遭受挫折的時候。所以我後來都會在職場中找尋一個學習對象，作為短期目標定錨，不僅可以減少焦慮感，也讓自己有個努力依循的方向。

採訪工作最大的特點就是每日成就更新，今天可以是獨家新聞的英雄，明天有可能馬上成為獨漏新聞的狗熊。大眾對於新聞的口味越來越重，越八卦性的題材越有收視。

過去三台很少有娛樂新聞，但不知何時開始，也一躍成為晚間新聞頭條。

例如當年為了報導李宗盛、朱衛茵和林憶蓮的三角關係，我曾半夜去朱衛茵的廣播節目現場守候，清晨在電視台看見晨班導播，他還開玩笑說怎麼你換跑娛樂新聞也要熬夜。

還有為了參加大明星成龍外遇事件的記者會，我在半夜摸黑出門，坐了清晨最早的班機去香港。事件男主角本人為了所有來香港的媒體，選擇在機場酒店發表了他的經典名言：「我犯了全天下男人都會犯的錯。」前後五分鐘快閃記者會。接下來所有媒體衝去女主角吳綺莉在半山的住家附近吹風，等待她現身。半山的風超大，但吹不去鬱悶，年紀輕的時候總有做大事的胸懷，卻陷入不知在等待什麼的情緒，開始懷疑起人生了。

李四端先生當時對我的教訓很受用，我在自省之後還形塑了對前輩的崇拜和對新聞的美好想像。然而理想豐富，現實骨感，我除了對新聞價值觀有所糾結，還自覺到生涯發展上的限制。

當時無線電視台只有固定時段有新聞，許多記者爭取的就是能上主播台播報，其實那種機會很少。我也曾代班跑過黨政新聞，當時長官問我：「你有看到誰和誰對話的眼神？話中有什麼玄機？」但是我全然無感，可以說是後知後覺到極點！這也讓我知道自己在新聞工作上最大的天缺，就是心眼大，對萬事「徵兆」不太敏感。

印象中有一次因為台灣中部電塔倒塌導致全台大停電，當晚我在家裡望向窗外，看到整個城市變得暗淡。那時候網路不發達，當然也沒辦法看電視，於是就直覺跑去睡覺。沒想到隔天被長官酸到爆，碎唸著說很多同事自動自發回電視台幫忙，但有些人在家裡卻睡得很爽。我的「沒想到」真的不是懶，就是少一根新聞大事的敏感神經。

改變，從「知道不想要什麼」開始

之後和很多年輕朋友聊起，發現很多人也有同樣的掙扎，大多是在一份不錯的工作中遇到了瓶頸，雖然還有發揮的空間，但知道自己不足在哪，想努力提升卻不知如何突破。原本在升遷這條漫漫長路上奮力前進，卻在實踐之後感到茫然，心中的空洞無法被填補，若是放棄，又不知下一步的去處。再加上此時親朋好友總是會勸說工作不可能樣樣好、要多加忍耐云云，再加上挾著電視台的光環和待遇，真的不該隨便說要辭職。

我有試著找了一些方式來填補工作上的空虛，例如學法文，因為想說學好法文就有機會圓個出國留學的夢，還聽說到法國唸大學不用花錢。當時有些同事選擇跳槽到其他有線台，我也曾私下去個財經台試鏡，但試鏡結束，電視台考官對我說：「老天爺並沒有賞你這碗飯吃，因為你的左右臉沒有很對稱，這在鏡頭上會很明顯。」這段話對我來說當然打擊也不小。

不管是老天賞不賞飯吃，或是後天自覺適不適合，我心中的這些小風暴越演越烈。

在前面我曾說過人生就是兩股弦的纏繞向上或向下，「生存的匱乏」與「精神的匱乏」不斷拉扯，高薪又賽道清晰的工作與心中不知何去何從、自我實現的欲求不滿，兩者終究會爭出個你死我活。

我覺得人生「很難知道要什麼，但有時卻可以很明確的知道不要什麼」。

我曾經將新聞部的一位資深且知名的前輩當成學習對象，在心中風暴越演越烈無法壓抑時，壓垮駱駝的最後一根稻草就是我忽然意識到，這位前輩花了十多年達到的成果，並非我真心追趕得上的人生目標；就算花了同樣的時間和努力，我都不認為能夠超越這位前輩。想到這裡，不知不覺就豁然開朗，做出辭職這個決定。

我離開了電視台。雖然不知道離開這一村還有沒有下一站，但我清楚知道，若再不起身，就無法開始尋找。

現在很多以前電視台的朋友和長官都說我離開得早是對的，畢竟後來電視台和媒體圈的發展每況愈下，許多對新聞的堅持也已成為「笑話一則」。但是我當時的離開並不是因為看清了產業的興衰，只是單純跟隨我內心的聲音，更多的是想追尋看看有什麼可能讓自己更有發揮也更心動。

如今，我還有很多好朋友在新聞圈工作，他們數十年如一日，尤其是面對現在的大環境，仍不時看到他們製作或主持的內容得獎受到肯定。我很羨慕也很開心，因為那就是我曾經參與、卻沒有繼續努力的事。

第二部

衝刺期

人在走狗屎運的時候，上天不會輕易放過你，一連串的挑戰才正要開始。但是請相信我，上天不會給你超出範圍能做的事情。如果你也正值事業需要衝刺時期卻又總遇到踩到大便的不順遂，別忘了一件事：每天力所能及的做好眼前該做的事。

06 克服人生焦慮爆發期

三十歲時的你，最擔憂什麼？如果這是一個人生選擇的關鍵時刻，你會想選穩定的鐵飯碗，還是充滿冒險的創業？我們總是對這個年齡點充滿了期許與憧憬，甚至是想望，但會不會其實這個年齡點也成為許多年輕人的夢魘？那就彷彿是一道門檻，直到真的跨過去，才發現完全不是想像中那回事。

我離開華視時，就是三十歲，職涯重新開始。當時相交多年的男友遠在美國求學，未來對我來說，一切都是未知數，我忽然感覺從二十到三十歲這十年間所做的決定，沒有一項有留下來被優化。

那時身旁的三十歲朋友都很「焦慮」，我也一樣，沒車、沒房、沒事業、沒存款、沒伴侶，很少人喜歡三十歲的自己。

早已下載好的金錢觀程式

想到我在華視擔任記者時，明明薪資穩定、福利優渥，卻選擇在三十歲時放手一搏而辭職，也許就是因為下載了我父親的金錢價值觀程式。

此生我和父親的交流不多，他也已經過世了，但在極少數的交談中，有兩段話一直讓我深深記著。其一是對於金錢的觀念。

國中時有一次和他聊到「節儉美德」的話題，只見父親聽了我對如何節儉的一些想法後，板著臉說：「想要有錢？省能省下幾個錢？要有錢就要想辦法去賺，不要只想著省。」或許是父親十分厭倦祖父那種教育工作者要兩袖清風、文官無財的人生觀，所以對勤儉持家的傳統不認同，終其一生，我的父親都處在對家族和世界的叛逆中。

他這番話不同於當時的主流價值，卻解放了我的金錢觀。我常覺得符合天性的事做起來比較不費力，當時沒什麼牽掛就離開電視台，或許和這個想法很有關係，因為沒有把優渥的薪資當成存錢的依靠。

也因為「靠自己」、「要想辦法賺」的觀念，我這輩子無論在什麼情況下仍堅持一定要工作，即使走上創業的路，在不安穩、高風險的新創事業中也對此從未有過糾結。我想，這應該就是下載了父親的這項金錢觀程式。

除了金錢觀之外，父親在我大學畢業時曾對我說：「二十到三十歲這十年間，幾乎會決定人生大部分的事，例如選擇職涯，選擇伴侶，會結交到可能伴你一生的朋友。三十歲以後就是優化期，要優化和經營前面十年的選擇，所以這十年很重要。」

現在回想起來，只能說這種三十歲魔咒真的太逼人了。不知道全世界是不是都中了孔老夫子「三十而立」的毒，現在富比士雜誌（*Forbes*）還會選什麼「三十歲以下菁英榜」（Under 30），就在表彰那些三十歲以前有所表現、闖盪出名號的人。

我覺得「三十」這個數字，一定可以榮登人生最焦慮數字冠軍。

三十「而立」還是「而已」？

但看看現在，環境似乎更糟，高房價、高競爭、低起薪，而且價值典範轉移快速。現在年輕人面臨的社會現狀，比起我的年代甚至我父母親那個「台灣經濟奇蹟」的時候，更加不易生存。現在一般人要完成求學、人格養成、事業小成的「而立」，可能已經來到四十歲了，所以說連續劇反應人生，以前所謂的「三十而立」，現今真的變成「三十而已」。

但越不容易達成的事，越能引起人們的關注。媒體也喜歡年輕的面孔，世界吹捧少年有成的故事，這讓更多的「三十歲」產生焦慮與痛苦。相對於別人的「英雄出少年」，每天照著鏡中的自己感覺到如此徬徨與渺小。

其實我離開華視時，並沒有想好下一步要做什麼，脫去記者的光環，與一般人無異。轉職不容易，轉行會更困難，相較其他已在職場特定領域工作一段時間的三十歲求職者，還真不知道自己應該投入那個領域；心中以為是想要「做什麼」，其實真正要面對的是有什麼「可以做」。

過往的人生經驗及伴隨年齡增加出現的「內在」成長，可能會決定往後數十年的人生呈現怎樣的風景。以結果論，我似乎混得還可以，所以應該可以安慰大家將三十歲視為人生中的重要「伏筆」，尋思什麼樣的內在成長可以幫助自己在諸多挑戰中一步步走向「而立」。

但若是面對心境與我當時一樣心慌的朋友，我卻說不出要大家正面陽光宛如遲早都會順利的那種打高空話術。幾十年的人生工程，講道理容易，但在每個當下面對生存或發展的關卡時，這些「內在成長」雖能幫助我們好過一點，然而面對每天要應付的具體事項，並沒有明顯幫助。

啟動當下切割法

人生真的不好過，常會擔心很多事，不斷深陷悲傷，挖出過去的悔恨，召喚未來的憂鬱，然後在腦中不斷試驗各式各樣的方法，接著又開始為自己無法平撫情緒而覺得糟糕。我就是那種在晚上容易把事情越想越糟的人，但是一到白天又會覺得好過一些，這些思緒千迴百轉，在三十歲那段期間特別嚴重。後來我用了「啟動當下切割法」來減緩這種情緒，延用至今，分享給大家。

如果你開始對某件事擔心，導致有「不好」或「不舒服」的感覺，很多人會勸說「不要多想」，但依據我的個人經驗，還真難做到，因為如果能「不想」就不會成為困擾了。遇到這種狀況，我反而會想辦法「聚焦思考」。

我會先問自己現在最擔心什麼？是經濟？工作？自己或他人的身體狀況？或是擔心某件已發生或未發生的事？我們會陷在情緒旋渦中，常常是從一個點開始，接著越來越放大到覺得一切事情都糟透了。這種四面八方襲來的思緒，把自己往不同方向拉扯，但是實際上根本不知道自己究竟在擔心什麼。

所以第一步請先把擔心的事具體化。例如最近身體到處不對勁，心情也糟透了，接下來你可能會習慣去想：萬一身體真的發生狀況，家裡怎麼辦？工作怎麼辦？小孩怎麼辦？越想就越悲。這時，請停止無由來的胡思亂想，先聚焦到身體最不舒服的是哪個部位？有什麼症狀？

接下來就是最重要的第二步。想想自己能為所擔心的這件事做些什麼？例如你聚焦到覺得胃最不舒服，有吃不下的症狀，接著就問問自己可以做些什麼。請至少想出三個具體做法，例如：第一，掛號看醫生，做檢查；第二，疑似造成不舒服的東西明天開始都不吃；第三，向藥局問問有無方法減緩症狀。

要做什麼沒有任何標準答案，如果認為應該要去附近土地公廟拜拜也可以，完全沒有限制，但一定要想些可以確實「執行」的事。一旦開始聚焦、找尋原因，就先把其他不相關的事情移到一邊，擔心和焦慮可以先緩和一些。

第三步則是讓自己可以成為問題的解決者。對自己有所作為，拿回主動權，就能讓焦慮感降低一些。最後搭配「切割法」，告訴自己，既然想出了要做的事，其他那些擔心的事得等做下去才知道實際會怎樣，還沒發生而且超過自己當下能做的那部分，擔心也沒用。

把握現在，從完成小目標開始

完成「啟動當下切割法」三個步驟後，可以用雙手環抱自己，告訴自己：「你好棒！你已經想出有好多事情可以做，做完之後，明天對下一步再繼續想其他做法。」奇妙的是，有時天一亮，擔心的事情就煙消雲散，又或是事件有了不同發展。壞事總是讓人痛苦萬分，但它時常從沒真正發生過。

「啟動當下」這三步驟在執行上，具體來說就是：第一步，聚焦；第二步，專注在能做的事而且開始行動；第三步，切割掉不能做的，留待後續再想。最後一個步驟其實是轉移注意力，避免把對未來的理想值，或把自己無能為力的困難點無限放大。

透過這三步驟的練習，會發現外在的事總是千變萬化，我們只需要做自己能做的事情就夠了。適時讓自己完成一些小目標，自然就會慢慢把擔憂轉換成信心。

「啟動當下」也可以運用在職場或企業上，當面臨不確定性很高或危機管理的時刻，就適用這方法。

日本奇異電子公司（GE）的董事長安渕聖司，他在任內剛好目睹雷曼事件發生。當時美國總公司陷入金融風暴，很難兼顧其他分公司的連繫，日本奇異公司根本無法得知美國總公司的情況。安渕聖司沒能得到進一步訊息回應或安撫同事，於是他利用「啟動當下」法則，先避免團隊陷入猜測，讓資訊透明。而且他誠實面對多方詢問，不知道就說不知道，沒有結果就說沒有；沒有耳語流傳，也沒有小道消息亂竄。他的做法就是先聚焦在最擔心的事情上，並列出前後順序，和大家共同思考眼前可以做什麼。

我們也可以練習集中精神做每天可以做到的事，在過程中完成各種小的目標，做完了再想。不要把對事情的想法和事情本身混淆，因為想法中包含了詮釋和判斷，而這些都不是事實本身，只是想法而已。當我們遇上大腦過度運轉的時刻，把想法聚焦在當下，就有助於回到事實，並且只處理事實，從而減緩對未知與無助產生的焦慮狀態。

07 大頭症總是會來的

我在離開華視後，去了幾家網路公司應徵。

二〇〇〇年的台灣，雖然網路股面臨泡沫，但是新科技、新產業正開始影響大眾的生活。新興發展的行業比較有機會容納多元背景的求職者，於是我陸續做了交友網站的行銷，在無線網路剛興起時做業務拓展，最後則因為同為媒體背景的聯合報財經記者（也是當時常出現在電視的名嘴）許金龍投資一家遊戲公司「樂陞科技」，找我擔任行銷工作，也開啟了我在職場生涯中學習最多的黑色旅程。

首次創業與夥伴

對於創業夥伴或說創業時的老闆許金龍，我曾經以為在人生終老時仍會是彼此招呼的朋友。樂陞起始時他還在報社工作，報社截稿下班已凌晨，我們幾個夥伴常一聊就到半夜。

而對於「樂陞科技」，我當時以為此生會在這個公司終老，會看著這家公司上市，在世界上發行很多火紅的遊戲；我以為我的人生成就解鎖和財務自由，都會在這裡完成。但是計劃永遠趕不上變化。

我在二〇〇一年加入，在二〇〇五年將手中持股全數賣給許金龍。我從認為自己和公司是休戚與共的命運共同體，到心中滿是委屈的決絕離開。至於到底是為了權與利翻臉，抑或是路線不同終究無法同行？我至今沒有答案。

許多年後，樂陞爆發了台灣史上最大宗違約交割案。我無意落井下石，如果有人向我問起許金龍，我會說：「他非常聰明，辯才無礙，擅長分析洞察，他啟發了我在創業這條路上的許多想法，也給了我機會。樂陞科技是靠『夢想』加『運氣』生出來的公司，他每天說服自己也說服別人，用信念產生所有的力量。當經歷艱難險阻後，樂陞有機會走上實業之路，但會不會是在財務遊戲中迷失了準則與判斷？許金龍總能說出一個偉大的夢想，將所有的黑灰洗白，可是螳螂捕蟬，黃雀在後，我相信他在這次的違約交割案中也是被坑殺了。或許我是台灣少數願意相信他並沒有真的把錢拿走的那個人。」

創業的難與「難波萬」

二〇〇〇年成立的「樂陞科技」是台灣唯一想自製電視遊樂器軟體的遊戲公司，難度在於電視遊樂器是屬於特定的硬體設備公司，包括當時日系Sony的PS系列、任天堂的Gamecube（那時還沒有Wii或Switch），加上微軟發表了Xbox，成了三大遊戲平台。

想要在這些平台上開發軟體必須被認證，取得執照才能取得開發機，否則根本沒有任何技術支持。之後要上市遊戲軟體，也必須像電影一樣找到發行商，進入特定通路銷售，向硬體商繳付權利金。總而言之，樂陞科技就是要進入一個產業障礙極高的領域。

當時在台灣就能找到微軟的窗口，因此提供了樂陞科技進入市場的第一個可能性。但是真正有廣大用戶群的是Sony與任天堂，這才是樂陞的目標。台灣的玩家從小就是日系動漫的擁護者，樂陞扛起台灣第一個要進入這些夢幻殿堂的大旗，將自製遊戲送上世界舞台，僅僅靠著這個目標，就足以構成一個令人振奮的故事。

進入的門檻高也表示附加價值高，台灣沒人做過並不表示做不到，台灣製作要打世界盃，讓樂陞科技成為遊戲界特殊的存在。

「做更好不如做不同，極大的差異和極大的夢想才能支撐極大的熱情。」這是樂陞生存的意義，也是一路以來維繫員工、募資和促成任何合作的基石。

在荒漠上建綠洲不容易。如果說台灣在二十年前代工做動畫的難度是「一」，那加上原創故事能力的難度是「二」，做世界級遊戲企劃的難度再往上是「三」，接著看美術原創性、動作設計、程式效率及硬體資源配比、互動性、遊戲性、音樂和其它周邊、測試整合能力、市場對接能力等種種條件，相加起來的難度根本破百倍。

最終我發現，「無知才是力量」，因為不知道下一步要解決的事情有多難，才有勇氣走到下一步。

台灣「難波萬」（台灣第一）的虛榮感很容易讓人像吸毒般亢奮，像我們曾經取得Hello Kitty的圖像授權；受到日本遊戲神級廠商Namco（發表小精靈、鐵拳、太鼓達人等作品的遊戲公司）提攜，他們的製作人長期在台灣協助培養樂陞的製作人才；曾邀請到創始人中村雅哉先生到台灣，接受《商業周刊》的採訪，進總統府和總統會晤；在美國與日本公司合資成立遊戲發行公司等等，這些都是台灣遊戲公司的創舉。

就算是神童，也不可能出生的第一天就能走路。我們的遊戲製作能力雖然大幅提升，但仍困難重重，團隊從二、三十人增加到兩、三百人，成員平均年紀小於三十，是理性腦和藝術腦直接衝突的組合。這群人的過往開發經驗值為零，一切要從頭摸索，平均一個作品長達兩年以上製作期，每個月是千萬台幣的支出，但幾乎沒有收入。

當時我們除了參加國內外電玩展，找資金也成為我的重要工作之一，每天的日子像在鋼索上翻跟斗，明知不可為而為之。

越來越走鐘的大頭症

我在求學階段雖然沒有完成會計系學位，但相關知識還是派上了用場，這方面知識不管是在經營公司還是與投資人對話上，都有很大的幫助。這一點也印證了人生中的學習都不會浪費。

當時我們自以為站在世界的舞台上，經營一家擁有兩、三百人的公司，創造許多業界第一與唯一，能言善道的說服大家相信我們，但新創公司經常有這種假象，就是募的錢一多，會感覺像是走在成功的路上。自我感覺良好有時雖然是治療焦慮的解藥，但大頭症也相應而生。

大頭症發作起來就很容易忘記做人的根本，無形中我也樹立很多隱藏版敵人。當時的我呈現出人來瘋、不長眼、臭屁、高調、自以為是的狀態，首當其衝的倒楣鬼就是身邊的同事。

除了管理公司許多對外事務，我也直接督軍行銷部門。那時很希望一天當十天用，並且不斷提醒自己時刻上緊發條，加上白天的外務與會議很多，總是要求自己每天不管多晚，一定要完成檢視所有行銷部的每項工作進度。我還自己發明一個方法，就是將意見寫到便利貼上，在半夜貼在每個同事的電腦上，並要求他們第二天要徹底執行或改善這些事項。不僅如此，隔天早上若沒有其他會議，我還會把昨晚認為做不好、不盡力、有問題的同事叫來指教一番，以免他們不了解便利貼的重點內容。

回想起來，我可能是有強迫症或躁症傾向吧。面對同事，感覺欠了大家一個道歉。近幾年曾在某個路口巧遇當年行銷部一位溫和的同事，他熱絡開心的向我打招呼，可惜的是，我一直想對他說的道歉始終沒說出口，不知道他們是否仍放在心上，又或者已經釋懷。

我的大頭症是自以為盡心盡力，捨我其誰，用自己的觀點去評斷所有人，逼迫同事們有最好的效率。深切反省後，回首當時只是因為不成熟，藉由這些方式抒發壓力。而樂陞的大頭症則是無法專注於本業。我回想起在美國最大的遊戲展E3或是東京電玩展上述說著來自台灣的驕傲，對比現今失去榮耀的樂陞，更令人不勝唏噓。

人總要付出一些代價或教訓，才會成長、進化或蛻變。

想一想，你如何衡量你的人生？

創新大師克里斯汀生（Clayton M. Christensen）在所寫的《你要如何衡量你的人生？》這本書中說，他看到很多哈佛商學院的同學向命運一點一滴妥協，接受不喜歡的工作，犧牲家庭生活，甚至做出有違道德或倫理的決定。這是為什麼呢？他們原本才智過人、為人正派、目標遠大，那究竟是哪裡出了錯？他因此安排了一堂討論三個問題的課程，這三個問題分別是：如何才能樂在工作？如何才能擁有圓滿人生？做選擇時，如何能真誠正直？

從克里斯汀生的觀點分析，對照過去樂陞科技的經驗，我思考了工作的意義，除了簡單滿足財務需求等因素，還要讓責任感與價值等動機主導自己的選擇。而前者足夠就好，後者越多越好。

克里斯汀生在被診斷出罹癌後，寫下了一個如何衡量人生的註釋。他說：「過去一年，我被診斷罹患癌症，面對生命將會比我預計更快結束的可能性。

幸好現在看來，我可能不會提前結束生命。不過這個經驗，讓我對生命有了很重要的看法。……我認為將來上帝衡量我這一生的標準，不是我幫別人賺了多少錢，而是我影響了多少人的人生。我認為，每個人的情況都是如此。所以，不要煩惱你能建立多麼卓越的個人成就，而要關心你讓多少人轉變成更好的人。我最後的建議是：想想看你的人生會用什麼標準來衡量，然後每天堅守這個標準，以確保最後你會有個成功的人生。」

08 踩大便也要好好脫身

人生若在低谷，考驗絕對不會只有一個，我之後的經歷只能證明這世上沒什麼「不可能」。

樂陞公司為了在美國能更快發行自己的產品，決定和一家日本公司合資成立美國分公司，戰線拉得更長。當時我的先生在美國做基金工作，公司沒有條件可以雇用任何人，於是我只好央求先生放棄在美國原本的工作加入樂陞。這期間，我待在美國約半年，大兒子也在美國出生，而這也是樂陞財務狀況最差的時期，我們時常開玩笑說隨時準備要逃回台灣。

我後來帶著滿兩個月的孩子回台，繼續尋找更多投資人，許金龍則每天都在軋銀行三點半，直到我們在美國取得遊戲權利金，才稍稍緩了過來。

但在二〇一五年，公司內部發生激烈的董事會衝突，投資人暗潮洶湧的派系角力。我與先生不滿金龍的作為，無法再繼續合作。

我曾經把這個事業當成人生職志，日夜操勞，甚至全家投入，到最後卻落得被人掃地出門的下場。我一方面認為事已至此，對曾以為是患難與共的夥伴感到哀莫大於心死；但另一方面仍在心中感念許金龍。在我母親癌末經歷幾次生死關頭的手術時，多虧了他和公司。當時我們家中並無其他親人在台灣，而他幫了我很大的忙。我真心認為這一定不是虛情假意。

曾一起做過的創業夢或許無法繼續共好，但我願意承認並寬容看待人的侷限性。當時彼此都跨不過權與利的魔障，另一方面也慶幸無需再為公司掙扎在黑白之間。放下，或許是當時最好的選擇。

越是脆弱越要謹慎

人在做重大決定的時候，一定要避免感情用事。

離開樂陞後，我身心俱疲，賦閒在家。我先生短暫到大陸做大型資產規劃案。有位樂陞的行銷部同事W離開公司後自行創業，她聰明機靈，常向我訴苦談一些和創業夥伴間的矛盾。我也把她當妹妹看待。某一天，W打電話給我說要籌錢還給創業夥伴然後拆夥，然而她的創業夥伴要求她拿一張三個月後到期的支票做為抵押，所以W來向我借一張票。

相信大家也都看出其中的風險了，絕對不會贊成我借票給她吧。因為她的說詞漏洞百出，毫無邏輯，最重要的是，這件事到底與我何干？

但是，就在那一念之間，或許我也因為剛遭受與夥伴決裂的痛苦，又或許是對一個年輕女孩的創業艱辛起了惻隱之心，即使在電話中我沒答應她。

接近晚上十二點時，W直接來找我，苦求我給她一次機會擺脫那個不上道的股東，請我借她一張三百萬元的支票，她保證會把票拿回來，絕對不會牽連到我。當下我應該是鬼迷心竅了，在借出支票後的十分鐘我開始後悔，而且那張支票上除了蓋好印章和寫了三百萬，沒有抬頭，沒有劃線，也沒有禁止背書轉讓，見票如見三百萬。

這三個月間，我總是追問著事情進度。以W的回覆看來，拿了支票的股東並沒有減少搗蛋的程度，甚至糾紛越演越烈。我不安的預感成真，時間一到，就出事了！

黑衣人來按鈴

一天傍晚，忽然有人按我家門鈴。基於早就料到會出事的心態，再加上曾經是社會記者的職業敏感度，我從對講機看到對方，就先請他們在樓下等。我先報警後才下樓，忍住雙腳的顫抖，打開樓下大門，有兩名像混混般的黑衣人出現了！

黑衣人拿出那張三百萬的支票說：「這是你的支票嗎？」

我說：「對，這是我的，但我只是借給朋友。她和人談拆夥，抵押用的。是誰給你的支票？我和他並沒有債務關係。」

（不知道是警察真的有點慢，還是因為我度秒如年，感覺等了好久都沒看到警察蹤影。）

他說：「這張票現在已經在我們手上，所以你想要怎麼解決？」

我回答：「有什麼好解決的？誰給你的，你們找誰談，實際上我和他沒有金錢來往，你們強要，就是勒索。你們很清楚那不關我的事。」

我不斷拖延時間，表面上裝冷靜跟他討論債務問題（當年做社會記者的歷練這時派上了用場！），終於警察出現了。那天的情景至今讓我印象深刻。

我擋著大門和討債的黑衣人站在門口，不讓他有機會上樓，遠遠的看到警察騎著一台小五十機車過來。他慢條斯理的停好車，走過來，另一位站得比較遠的黑衣人見狀先跑了。警察只攔下和我對談的人。我說他們來恐嚇討債，黑衣人說只是有禮貌的問問事情。警察要求他拿出身分證，留下姓名，而這個記錄對後續發展產生了關鍵性的作用。

黑衣人當然就是專業討債公司。他們已經先來禮貌性問候，事情就進入標準化作業流程了。

討債大秀輪番上演

某天晚上我回到家，一下車就看見大樓的門到邊牆上貼滿了大字報。一陣風吹來，冥紙滿天飛。在昏黃路燈的映照下，大字報上用黑色粗體字寫著我的名字和「欠債還錢」的字眼，怵目驚心。我過去在採訪新聞時見過的場景，如今身歷其境，整顆心都跳到嘴邊。

當下我的反應是把所有大字報都撕下來揉成一團，帶回家後直接塞進垃圾桶，彷彿一切沒發生過，等冷靜後想想，應該先拍照存證才對！

整晚驚恐到無法入睡，隔天我決定出門報案。坐上車才發現沿路大字報貼滿了整條街。那時我家旁邊是一間小學，所以連學校的整排圍牆上也貼得滿滿滿，這是第一場討債大秀！

我聯絡了W，她只不斷的說對不起，卻於事無補。事後有很多人跟我說可能W也是共犯，說不定她也能拿到錢，但個人造業個人擔，我還是只能怪自己當初荒腔走板的決定。眼下只好冷靜專注在面對與處理，畢竟當時家裡還有孩子；媽媽的犯傻行為，絕不能連累到小孩。

我先找相熟有經驗的刑警問問對方的下一步可能做什麼？會波及小孩嗎？警察說實際上沒有債務，對方應該就是受託抽成，不會拚生死，也不會犯大案。聽到這說法稍稍安心了一些。

接著我請人加裝了各處的攝影機，並向警局申請增設大樓巡邏點等等，再循線調查第一次報警時被記錄下來的黑衣人資料，看看他是否有隸屬於什麼組織幫派。

討債大秀還沒結束，大字報和冥紙容易清理，這還只是警告。接下來他們開始半夜在大樓門口和外牆噴漆，非常難回復與清理。查看了監視器，作案的人都戴著安全帽，而這些舉動都是為了造成被恐嚇者的心理壓力。

我那時是租房子，只能向房東和全棟住戶表達會負責清洗，或許是因為家中有小孩，當時鄰居們都表現得非常友善，沒有人來逼我搬家，也沒人登門議論。但是我也因為擔心害怕，每天幾乎都要到天亮才能入睡。

某日才剛睡著就被電鈴驚醒，鄰居要我去陽台看看。從陽台往下望，一陣腦門充血，原來這次直接噴漆在大馬路上，是我的姓名加上「欠債還錢」四個字。這幾個斗大的字讓我很難堪。門上與牆上的還能清理，但柏油路上的只能等待風吹雨打自然消蝕，或是要到下次重鋪柏油才可能除掉，需要忍耐一段很長的時間。

至此，我心上那條綳緊的弦斷了。我動了願意協商付錢和解的念頭，也坦誠向先生說明原委（當然挨了罵）。我在一週內打包所有的東西，把家中的家具、行李都全數寄倉，先生則從大陸急忙趕回來帶我們先寄住朋友家。原來沒打仗，人生也能有逃難的經驗。

人生像遊戲，先過眼前的關，打眼前的怪

和討債黑衣人的協商並不順利，他們覺得這些手段有效，就沒有放手的理由。我不願支付三百萬，實際上也沒有三百萬，但對方仍然步步進逼。最後不知是他們太大意，還是老天爺覺得懲罰我的無知愚蠢已經收到效果，黑衣人又一次在半夜潑漆，但這次監視器竟清楚拍到犯案者的樣貌，其中一人就是當初被警察盤查曾留下資料的男子。

有了犯罪證據，警方很快就抓到人，把案件移送法院。當時台灣還有「檢肅流氓條例」，警察警告對方有可能會被視為重大治安危害者送去管訓，希望

他們好自為之，因此，在法院還未開庭審理前，這個事件就算平息了。

但坦白說，我真的知道這個錯完全都是自己的責任，也讓我一輩子謹記在心。我再也沒有連絡過W，她也從未出現過。事實也證明，有些自私的人你不需要為他們考慮；人要表現善良之前，還是要先保護自己，做自己能力範圍所及的事。

不管是樂陞經驗，還是三百萬的支票事件，無論誰有責任，都與自己脫不了關係。人生就像遊戲，只能過眼前的關，打眼前的怪。那一段被討債的時間，好希望有個神奇超人出現，馬上把黑衣人抓走關起來，可惜現實告訴我的是，我們終究只能一步一步耐心等待黑暗之後的黎明。

每個人的人生階段難免會遇到令人不順心的事，無論是同儕霸凌、同事磨擦、股東合作白爛，或是連我這種幫人幫到被討債的事也不算少見。有時這就像踩到大便一樣，令人不好受，但都已成「定局」，花再多時間懊悔、難過也沒有用。既然無法改變已發生的事，也無法讓自己馬上振作起來，當下能夠做的就是想想如何讓「結局」變好一點。

少想一點過去的事就少一些傷害，多想一點未來的事就多一點力量。簡單來說就是因為自己過去發蠢，以後才能學會聰明一點，看得清楚一點。所以說，踩到大便也要好好脫身，別停下來研究大便臭不臭；看向未來，我們都可以忙碌但活得更好。

09

天使或魔鬼，你總要選邊站

在創業時，常常會有是否違背初心的拉扯與掙扎。

以前總以為自己可以變成台灣之光，站上遊戲產業的龍頭；總以為開發的遊戲可以與世界級公司並列於共同平台上。一切幻滅之後，心中的鬱悶與失落可以隨時間而逝，但是在創業道路上的我，卻感到內在變得更強大。

就以往的職涯經歷來看，「自以為是的正義感」、「螳臂擋車」、「蚍蜉撼大樹，可笑不自量」等等，都可以為我的職場黑歷史下註解。

給自己一項使命感，開始新領域

在處理被恐嚇追債事件時，我的朋友其實沒什麼人知道我發生這件事。許多朋友會擔心我閒在家裡，於是熱心提供一些工作機會，或是希望我對別人提供一些協助。我盡量維持生活上的正常往來，總是很難向人說出當時的囧境。

網路購物也在那時開始興起，我嘗試在網路上銷售化粧品和面膜，當時以為只要上架就有交易，最後的結果當然是花錢買教訓。現在想起來，覺得自己真無知。後來透過朋友介紹，我認識了白佩玉。

白佩玉與先生劉吉仁從事無毒養殖業，投入的原因是自己的孩子有嚴重過敏症狀。而我那未滿周歲的老二也是個超級過敏兒，斷了母乳後不能喝牛奶，一喝就吐，連羊奶、水解蛋白奶粉都不行，只能喝米湯和蔬菜汁。當時寶寶總是滿臉紅通通，還有嚴重的異位性皮膚炎，晚上要大人抱著才能睡，不然會自己癢到抓破皮。也因此，我對白佩玉他們夫妻從事無毒養殖這件事有很大的好感和興趣。

他們夫妻倆待人極為熱忱，深信自然療法與天然食物對人的幫助。我們雙方家庭有了更多往來，關係越加親近。

通常在有了孩子後，就會對食物開始有要求，除了吃好吃飽之外，還希望吃得天然與安全。於是，這時的我賦予自己一項改變世界的責任感，順理成章的參與了「吉品」公司在宜蘭養蝦的事業。

現在回想起來，我們剛去「養蝦」時真的「很瞎」。在很多年後，當地人才跟我們說，他們那時見到我們幾個沒養過蝦的台北人在宜蘭租了那麼大塊地，還老老實實花了上百萬從海邊拉海水管，甚至不用藥、不用除草劑，加上純海水養殖的蝦長得慢，大家都在背後笑著看我們能撐到什麼時候。

而我也確實在第一次收到電費單時就嚇呆了！就算是養殖用電的優惠費率，近百萬的電費支出還是把大家震驚到說不出話，養殖業彷彿是不斷把新台幣換成各種東西往水裡拋的事業。

我們第一輪的收成不如預期，劉吉仁和白佩玉賣掉台北市大安區的房子來養蝦，馬上變成重災戶，而我則是被波及的受災戶。

理想與現實的距離

一開始覺得能夠「不用藥養殖，生產安心食物」真是個很棒的理念，也有人跟我說養蝦的經濟價值非常高，若收成好，利潤好比販毒般豐厚。越想越覺得這樣有理念又好賺的事業，我怎麼能放過？

失敗乃成功之母！於是我們重新盤整後，減少養殖面積，好好控制成本，改善相關流程，終於迎來了第一次的收成。

那時市面上還沒有什麼標榜安全無毒的生鮮品牌，我們的銷售主要還是依靠傳統供應鏈。我們先請當地收蝦的盤商來估價，談好了凌晨開始放水，等收蝦車來稱斤論兩。沒想到蝦販一到池邊卻一改前一日的態度，表示價錢因市場變動，每一斤要少十元，接下來看著池裡的水越來越少，嫌蝦子大小不平均，又要扣水、扣雜草重量等等欺負生手和外地人。但是蝦池的水已經放了，沒有回頭的可能，最後我們收到的價格比先前談好的足足少了兩成，入不敷出，血本無歸。

台灣曾經是名揚海外的養蝦王國，卻因為過於集約養殖，在多年前發生大規模病變後，環境改變，養蝦成效不復榮景。不用藥且以人工除草的純海水養殖，根本不符合經濟效益，利潤好比販毒般豐厚是古早以前的事了。

經過一年多的掙扎，我們被當地人說中，準備捲鋪蓋回台北了。在決定收拾善後前，我們認真坐下來討論接續的種種，並且盤點手中剩下什麼。那時的租金支付是以年為單位，許多整地費用也是一次性支出，還有預付的蝦苗、飼料等等，如果現在放棄，就什麼都沒有了。

我建議既然贏不了傳統供應體系，又無法降低成本，那就做我們擅長的事，推出自己的品牌，告訴消費者我們的蝦和別人有什麼不同，再擠出一些周轉金拚搏一次。

強化優勢再出發

抱著死馬當活馬醫的想法，我們開始市場第一個包裝起來的品牌生鮮產品。最先取名為「Q寶蝦」，我還曾去家樂福大賣場站在牛奶箱上叫賣，現在想起來都覺得很害羞。在大賣場並沒有得到什麼迴響，消費者試吃得很開心，但看到價格比旁邊蝦子貴兩倍就走了，令人十分灰心。

冷靜的重新思考定位，我發現大賣場不是我們該去的通路，既然養殖的內涵不同，那外觀和用法等等也要做出完全不同於市場的產品。

首先我們訴求想吃幾隻就拿幾隻的理念，不需要整盤解凍更衛生。我們改變了蝦子整排連著的盤裝方式，到處央求最先進的冷凍廠幫忙單隻急速冷凍，蝦鬚及部分蝦腳則因單隻冷凍而變脆斷裂，順帶解決了尖刺的問題，還會有消費者留言感謝我們貼心幫大家剪斷這些會刺傷手的部位。

後來為了讓單隻冷凍蝦的包裝精美實用，設計出可以重複使用又有暗扣的長方形小盒子，放在家中冷凍櫃亂塞都不怕傾倒，完全打中主婦冷凍庫永遠沒空間的痛苦。

生鮮產品最難規格化，不過我們還是做出分級分類，每盒蝦中每隻蝦的大小都在規格內，不會為了湊足重量就放進一些小蝦。最後則是直接將訴求放在產品名稱上，取名為「無毒蝦」。這是台灣第一個以無毒命名、訴求不用藥且不用除草劑的生鮮冷凍品牌，不只對身體好，對環境更好。

有了明確的訴求，加上陸續有《商業周刊》、《康健》等雜誌及電視節目採訪，漸漸打開了知名度。我們當時也成為市場上第一個推動「無毒蝦半年配送會員」的生鮮訂閱制公司，每個月送兩斤蝦，預收六個月。

當時我們銷售單價是一般傳統市售蝦的三倍，但以成本來看，其實也只能勉強存活，不過預先進帳的現金流，讓我們看到了一線生機。感謝當時曾經支持我們的所有訂戶，正因為你們的支持，才得以讓這家公司直到今天依然堅持做天然、有機、無添加的事業。

創業是一連串解決問題的過程

事情不可能有了轉機就一帆風順，市場出現了很多有財力的競爭者。我們的財務始終處在吃緊的狀態，只要下大雨或刮颱風就開始提心吊膽。也曾經要收蝦了才發現池底破洞，損失上百萬還算小，但答應給消費者的蝦全都化為烏有，只好每個訂戶都打電話解釋道歉。可以說創業就是一連串解決問題的過程，沒有一天安穩的日子可以過。

台灣那時也開始興起連鎖有機商店，讓我們有了固定通路；無毒蝦的品質和包裝特色甚至讓它被日本人相中。曾經有日本代理商向我們提議擴大養殖，想供應給日本的百貨公司。但這是個艱難的決定。答應了就表示我們可以專注做好養殖，不過以日本的需求量，把全部的產量送去都還不夠。白佩玉想了幾日，決定回歸初心。既然當初養蝦是為了給孩子吃，怎麼會讓台灣人自己吃不到好東西，而先去服務外國人呢？最後我們決定，還是先在台灣站穩腳步吧。

人生的選擇沒辦法回頭，誰也不知道當時如果答應日本人，現在公司發展會不會更好，但這是一門有理念的生意，需要很多堅持，我也覺得做自己相信的事最好。就這樣，一起經營公司快三年，營運才慢慢穩定，產品逐漸增加。然而有機無毒產品成本高，通路抽成高，直客運費更高，消費者接受度也剛開始建立，市場還處在混沌期。

我見過許多合夥生意股東失和都在這種時刻，因為創業初期太困苦，忙著解決問題都來不及，要不撒手不管，要不就是彼此咬著牙、同甘共苦。假設情勢大好，順風順水，也有可能上演爭權奪利的戲碼，但只要利益分配合理，沒人胡搞，多半可以一起捧好飯碗。

最怕的合夥階段就是進入事業發展的混沌期，一切還需要拚，公司看起來有發展潛力，這時候就容易產生路線之爭。人的天性除了擔心會不會少了自己那一份，也都會認為自己的所做所為是為了公司好，然後把個人觀點擴大去指責對方的不是，萬一公司內部員工開始發現股東矛盾、結黨成派，那事情可就不妙了。

天使或魔鬼，選擇哪一邊？

新創公司常是在夾縫中求生存，資源必須挖東牆補西牆才得以分配好，即使沒人亂搞，也很容易找到管理上的瑕疵。很多人說合夥生意難做，我則說是每個合夥者都要面臨「天使或魔鬼，終究要選邊站」的人性爭鬥。

「天使」指的是相信彼此的初心。你在一開始就要先判斷對方人格，再決定是否一起合夥做生意，然後請以最寬容的角度看待新創事業，給予正向且合理的建議，而天使也表示能夠感恩在過程中幫助自己的一切人事物，並相信分享是最大的福報。

「魔鬼」就是指屈服於人性。許多人在困難時找人幫忙，表現極度謙讓，但順利之後轉身就忘了別人的苦勞或功勞，一副小肚雞腸、自私小氣的態勢；也有那種鳩占鵲巢者把自己的欲望加諸在公司經營上，硬是要爭排名。其實，不需要有很大的利益才會發生魔鬼行徑，許多意氣之爭，最終只是讓好好的事業在大家的私心底下被搞砸了。之前在樂陞的經驗，對我來說就是「天使或魔鬼選邊站」的學習。

在吉品公司進入穩定期後，我就自請離開，想去尋找屬於我的天空。公司的規模其實不足以配合所有人的發展，而我也在心中下了決定，做朋友比做股東更重要。

合夥事業的難處就是時常要和天使或魔鬼打交道，我又何必把自己放在那樣的情境中，每天在天使與魔鬼的選擇中糾結呢？

先定位好自己

如今這家公司的年營收超過三億多台幣，有點小小的規模，脫離了當年青黃不接的窘境。更重要的是，這十多年來，白佩玉依舊開心的做著她認為對的事情，堅守純淨食材、無添加的初衷。除了生鮮產品外，還發展出「無二」系列的中式點心品牌，以及植物性保健產品。

其實我在尚未接任永齡基金會的執行長之前，郭台銘先生是先指派給我經營永齡農場的任務。他知道我們長期經營一家天然食材公司，希望能幫忙長期虧損的高雄永齡農場自給自足。

那時我考量到兩個面向，一個是以公益角度來看，經營農場確實可以協助八八風災的災民自立，而另一方面，或許可以進一步增加我們根莖蔬果類的產品以服務客戶。最後，劉吉仁與白佩玉願意承擔經營管理農場的責任，不過難度極高，因為這個農場當時一年虧損五千多萬。

在沒有任何奧援的情況下，他們整整一年多放棄在台北的生活，實際與農場的人一起共進退。從一開始建立制度、改造流程、生產規劃、改善通路及銷售，到協助增加農場員工的專業職能，甚至改變風氣，讓每個人願意為自己負責，整頓的艱辛過程不足為外人道。

初期他們在農場附近租了一個民宅，除了自己住，也讓台北負責銷售的同事出差時當做宿舍。我第一次到訪時，心中一陣酸楚，看著直接放在地上的床墊、簡單的達新牌衣櫥、共用的浴室，整體環境非常清簡。當時還聽到他們討論要不要弄個簡單的梳妝台，要不要有個小電視，最後都認為沒必要，因為他們都日出而作，日落而息。想改變農場風氣，首重以身作則，他們要讓大家知道自己不是來做官，而是來做事的。

經過多年努力，農場不再有巨大虧損，也終於進入農民自主合作社經營的階段，達成當年基金會捐贈時的初衷。而我則很慶幸自己選擇站在天使的那一邊，也感謝老天爺賜予我如同天使般的夥伴。

你也正在與人合夥事業嗎？還是正打算找人一起創業？請找一個簡單的方法跨越天使與魔鬼的考驗，定位好自己，追求和諧與誠實的關係。如果你是管事的，請誠實以對，並記得分享是最大的福報；如果你不是管事的，也請追求和諧，並記得善意就是最有用的工具。

10 創業何時用心？何時用腦？

很多人的創業路都是在三十歲左右開始的，有時是工作一段時間後累積了對一些行業的了解，覺得有潛在的商機；有時是為了高遠的理想，想要證明自己，建功立業；又或者只是衝動被人推坑，就莫名其妙的闖入創業叢林。

不論如何，創業就是一條孤獨的道路，從一個小小的想法到它的形成，碰到市場時所需要做的轉變，接下來還必須面對調整、轉型，或是要擴大還是放棄，每天的選擇都必須自己決定，責任和後果也是由自己承擔。

看別人創業、給別人建議都相對容易，換做是自己處在那局面裡，就能夠體會到「處處是限制，天天沒時間，地球並不是隨著自己轉」的心情。

創業家是追夢的人

我是屬於土法煉鋼的駑鈍型創業者，遇到困難或碰到不會的事，就會去聽演講、上課、找人指點，每次都會感覺像是吃了大補丸一樣。但是「睡前千條路，醒來走原路」，有時也不知道為什麼別人的建議對我來說，常常是「知易行難」。

我也是屬於情緒糾結型的創業者。創業傷神更傷心，在過程中轉變太快，很難和同行者細細解釋。我有時候腳步太快，沒跟上的人會很辛苦，其間有人會不明白，有人會放棄；有時候來不及拉上所有人，就進入下一個階段了。現在偶爾會聽到一些創業家倒苦水，他們也和我有類似的心境，但我往往只能微笑以對。創業家的路永遠是孤獨的，創業路上最常見的不是成功或失敗，而是苦苦掙扎。

如果遇到撐不下去的時候，就來喝個兩碗金句雞湯吧！「只要有夢想，離成功就不遠了！」、「別讓他人的看法變成你的現實。」、「這個世界並不在意你的自尊，只在意你做出來的成就，然後再去強調你的感受。」這些勵志金句或故事，偶爾能讓我在陷入低潮的時候拉自己一把，幫奄奄一息的心臟裝個葉克膜。

從樂陞到吉品，經歷了快十年這樣的生活，因此我不會鼓吹大家一定要去創業，畢竟正常人追求的是舒適生活，不需要承擔壓力，過得自由散漫、輕鬆愉快、遇事可逃，或許一輩子庸庸碌碌、牢騷發到死，但是不太需要費腦子。所以每當有人問我該不該創業時，我的回答是：「如果只是想要多賺一點錢，建議你不如更努力工作，學好投資理財就可以了。」但要是前面那些難聽話都聽完了，還會想創業，到底是為了什麼？

有人說：「夢想像空氣，靈魂需要夢想的支持。」企業家馬雲也說過：「夢想還是要有的，萬一實現了呢？」或許這些埋頭前進的創業者就是為了追求活著的感覺，其中有苦有樂，有笑有悲，有期待也可能落空，有願望也可能實現。更進一步來看，或許他們想要的是「成長」，不和別人比，只和昨天的自己比。

我很喜歡李嘉誠講過的一段話，他說過成功的商人和不成功的商人之間的差別，就在於成功的商人會比昨天更有智慧，比昨天更寬容，比昨天更懂得生活，比昨天更關懷別人，比昨天更悠然自得。

創業的理由人人不同，更有許多人是走在創業的路上才想理由，但這都不會妨礙過程中的獲得。人生如果再來一次，我仍然會選擇走上創業這條路。

成功創業者的特質與心態

再來談談創業的技術面。沒有人想要創業失敗，但因為天時、地利、環境及自身條件都不同，沒有什麼既定的成功方程式。至於我們時常聽到所謂的「創業家精神」，大概就是堅持、毅力、忍耐、眼界、膽量等等特質，似乎也不僅僅適用於創業。

那麼到底嘴上說說和真正創業甚至成功的人，有什麼不同呢？對此，我有一些個人角度的觀察。

先來談一個人性中「損失趨避」的觀念。人都喜歡獲得，不喜歡失去，對於潛在損失的害怕會遠遠勝過他們認為可以獲得的期待，這就是為何散戶投資股市時，往往股票漲一點點就趕快賣，那是因為他們害怕「跌回沒賺到」的損失感。而散戶為何會在股票一直跌時又一直抱不願停損呢？那是因為血本無歸的損失，會讓人有如世界末日般的難受。所以才有人說：「想要左右人們的想法，威脅一個人會失去什麼，比起告知他們能得到什麼更有用。」

有些人風險趨避性極高，即使有一百種理由想創業，卻始終無法付諸行動，因為他們光想到風險和損失就綁手綁腳了，這種保守型的人並不適合創業。也有一種衝動型的人，雖然被推坑當老闆，向親朋好友、鄰居同學借錢，用信貸、房貸全數壓了身家，但是對投入的創業項目沒有足夠了解，人云亦云，致使創業後陷入「患得患失」的泥沼。這類人把「損失趨避」的天性發揮到淋漓盡致，當做不做，該花不花，最終耗費時間與資源，竹籃打水一場空。

歸結起來，成功的創業者應該都具備了「審慎樂觀」的成長型心態。在創業前的評估階段要「多用腦」，戒急用忍，慎思熟慮，對想創業的領域進行了解，而不光只想著做老闆的美好。當風險清楚了解後，也能認知到有時損失

「沒有什麼大不了」，減少因為恐懼害怕而當做不做，失去大好機會。

而在創業之後，就要「多用心」。要嘗試創新，勇敢承擔，先相信才會看見，先相信才有力量。創業後更要懂得分享，只有老闆捨得付出，員工和夥伴的生存、安全與尊重等各方面需求才能得到滿足，相對也會因為擔心失去這些滿足感，願意為公司或組織做更多事，賺更多錢，構成良性循環。

分享不僅是對內，有時對外同等重要。現在企業在擴張的過程中，需要各種力量的參與，正所謂「不嫌抬轎的人多」。我看過很多創辦人在釋股過程中十分扭捏，但其實能不能成長才是關鍵，必要時引進關鍵資源與力量，才能促成公司高速成長。你擁有了百分之百不值錢的東西，時常不如擁有那值錢的百分之一。這概念說來簡單，但許多人都很難跨越捨不得與人分享的糾結。

做生意的人都會算帳，只不過有些人算大帳，有些人每天算小帳。偏偏商業的法則是：算大帳的人做大生意，做大生意人，而算小帳的人永遠做小生意，做小生意人。以上是李開復老師說的至理名言。

開始創業的三大地雷

接下來我們談個創業者最該知道卻最不願意面對的問題：第一次創業就會成功嗎？

很多人會覺得自己運氣不好，創業過程不順利，但每次看別人都很會，只有自己做不好。事實上，那是因為你聽到的成功故事，往往簡化了過程。人們喜歡聽那百分之五的好事，卻不想面對百分之九十五的鳥事。

成功的理由百百種，失敗的理由卻時常很類似。我在這裡歸納一下創業者起手式的三大地雷：

一、創業的題目選自己會的，不是市場要的：

有些人因為覺得上班不合志趣，所以想把興趣拿來創業。這時請評估你的創業項目是否有足夠的市場支持。大家都喜歡用同溫層的感受來評論市場多大，朋友說很好的東西，最好也願意用新台幣支持你，至於曲高和寡、乏善可陳的商品或服務，就算你用盡全力，發揮所長，創業也很難成功。選擇比努力更重要。

二、創業就是脫離上班，脫離責任制：

很多不知哪來的大頭症創業者，會認為自己最擅長的是「策略」（意思是出一張嘴），所以希望我幫他介紹有執行能力的共同創辦人。每每聽到這種要求，除非這位「策略家」有大筆鈔票，或其他特別能協助事業成功的關鍵資源，否則只是讓人想翻白眼。

「老闆負責想策略，找人負責執行。」這想法到底是好傻好天真，還是好懶好愚笨呢？老闆最重要的工作之一的確是思考公司策略和方向，但不表示每天光想不練。

想想看，當老闆的人把需要動手做的事都交給員工或其他人，只是出一張嘴就好，如果其他人能把這事業做起來，我想應該是讓他們坐在老闆的位子上才合理吧。創業是學習的過程，凡事親力親為才是創業者日起有功的保證，就算你是出錢的人也一樣，因為真正的目標是事業成功，而不是花錢來過過當老闆的乾癮。

中小企業一開始都是由老闆來建立標準，在第一線才能真正感受市場。正所謂英雄不論出身低，我認識一位至少擁有五百個團購高手的團媽公司負責人，她從年輕時就開始擺地攤、做餐車、幫人帶貨跑單幫，慢慢建立起自己的銷售網絡。她謙虛好學，不斷充實增進網路行銷的相關知識，目前即使營收來到幾個億，卻依然每天在第一線接觸客戶。

「懶和笨」是創業的兩大死穴，犯了這兩項，事業很難有什麼發展。

三、花錢的能力超過對賺錢的理解：

許多事業計劃書都在陳述要如何花錢，法務、研發、品牌、建組織、佈人力、置系統等等。花錢當然都是對的，但時常看完花錢的內容後，就看到創業者預估了一份三至五年的營收獲利表，他們想像花了錢之後，市場就會毫不猶豫的擁抱你。這種天真又沒由來的邏輯，我只能送他四個字：「有夢最美。」

創業者要務實的了解產品或服務經由什麼方式銷售，還有銷售的目標、策略、執行方式，以及需要準備多少資源。也要清楚這些銷售的助力與阻力分別是什麼，是否知道該如何增加助力或減少阻力。我曾經看過某間公司資本三百萬，但貨品成本兩百萬，完全沒有分配任何資源來協助銷售。其實貨物與廢物只有一線之隔，許多創業者都只對花錢的事在行，卻沒認真想過該怎麼賺錢。

評估自己的創業能力

最後提醒大家，創業無需比大小，現在就算一人公司也有許多成功案例。在此，我提供五項新手創業前的難易度評估。每一項覺得可以達成者得二十分，累加分數越高，表示上手創業越容易。第一次創業者最好達到及格分數再進行，成功機率較高。

一、選擇消費者（客戶）購買頻率比較高的項目（不要只想著做產品，而是要服務客戶）。

二、選擇自身有了解或特別專長的項目（有任何勝過其他人的起始點）。
三、選擇加盟或是加入其他創業團隊共同創業。
四、選擇趨勢型的新興事業。
五、選擇可以在家裡創業的項目（或是簡易辦公室或工作室）。

以上這五項的核心觀念，可以用來評估創業的進入障礙點。剛開始先選擇較具有市場性及未來性的項目，不要投資在太多人事成本、租金及非生財設備的採購上。同樣的道理也可以運用在評估是否要投資或參與某個創業公司。

創業成功是努力和運氣交織的結果，人生從來都不是在一個公平的競爭環境中，但「審慎樂觀」的成長型心態一方面可以強化我們的信念，另一方面也讓我們看清楚現實面。

有時看清現實，在失敗時反而不會太過悲觀，畢竟，沒有人能夠百分百控制生命中的一切。

第三部

修鍊期

這是一段琢磨自己的過程，對心性與能力的提升都大有幫助。……直至今日，我還常常要提醒自己不要落入「努力、自責、迷失、又更努力」的惡性循環中。在人生與職涯的修羅道場上，我們最重要的課題都是學著從中瞭解自己，發現自己，喜歡自己。

11 歸零不是零的中年轉職

在創業和求職之間換來換去，在資歷上會產生斷鍊。創業時個個都是董事長、總經理，但轉去求職就必須重新歸零思考。

從吉品的經營團隊退出後，我開始思考人生應轉換到哪個新方向。從一般職場上班族跨到創業似乎是常態，但是要從創業者回到職場成為領薪一族，難度就有點大，因為不論你在創業路上累積了多少心理素質、帶過多大的團隊、建立過哪些豐功偉業，在求職資歷上仍舊看來高不成又低不就。

人到中年轉換賽場

經歷了風風雨雨，這時我的心理狀態已不再是三十歲那種因外界或環境導致的焦慮感，而是發自內心的恐慌。實際面臨中年換賽場這個大難題，少了年輕人可以用時間換取能力的餘裕，也沒有轉戰其他賽場需要的即戰力；就算經歷能夠提高「心智肌肉量」，也只能算是「有體力無專長」。職場生涯跨領域，說得簡單，做到很難。

回頭重新檢視我的人生，創業的獨立性和創造性很強，摸石子過河就照著「我喜歡都可以」的方式經營，況且中小企業本就是自訂標準。但是說實在的，有時心中總會隱約懷疑自己究竟做對還是做錯。過去少了在大型公司潛心學習與被指導的經驗，所以這次轉職，我希望能夠找到一份在大公司的工作，符合「有標準可依循，有制度可累積專業」的目標，以減少無所適從的茫然感，讓人生有機會打掉重練。

找了幾個獵人頭公司後發現，想要跨領域做沒經驗的工作，尤其是去大公司，沒有相應背景或戰功實在很難。他們建議我這時靠些人脈可能更有用。

我盤點可能幫得上忙的人，但是大家對我的人格特質、過去資歷及玻璃心的程度都先入為主，也會假設我開出的條件，例如薪水門檻等等。我當時能做的只有主動告知大家，我真的不介意這些，但旁人也不一定相信。心態上，我只能學著不要太在意外界看法，並幫助自己釐清一些期待與現實的落差。

換跑道要克服的還不只是技能問題。我的心裡每天上演面子掛不住的小劇場，在內心幽暗的深處，擔心人生是否還有機會，擔心最後會不會落得一事無成，要不然就是在思索是否得面對大家常對女性同胞說的「回家顧小孩給老公養」。

思考所有工作類型，我覺得最能勝任的應該是行銷公關業，於是認真考慮自己是否可以從公關業開始。剛好我有朋友在奧美工作，也果真得到了去世紀奧美公關顧問公司面試的機會。

認清自己特質，積極爭取與嘗試

世紀奧美是奧美集團併購的公司，算是奧美公關的姐妹品牌。公關公司是知識型服務業，他們擔心我身段放不下，不一定能夠服務客戶，而我離開媒體圈也有一段時間了，說不上有什麼新聞人脈資源；他們也懷疑我的英文能力是否足夠應付外商客戶。面試時，彼此沒什麼交集，被拒絕是意料中事。

求職被拒，坦白說心裡當然有些不是滋味，要擺脫這種自怨自艾的過程真不容易。當下封鎖自己想深究原因的腦子，別讓那好不容易生成的勇氣被無數自以為會失敗的原因擊潰。

雖然面試不順利，還是很感謝介紹我去面試的奧美公關總經理Abby，也想讓她知道我真的很希望有機會去奧美試試看。

老天爺總是會神來一筆，一個多月後，Abby要找我談一談。原來就在那段時間中，他們有一位總監提出離職。對我而言這無疑是個好機會，但前一次面試被拒的理由也還存在。我在心中喊話要相信自己並非一無是處，還逼自己寫下十個優點來自我催眠。而這次的談話像朋友般輕鬆，她說考慮一下回覆我，而這個回覆卻像等了一個世紀般，久久沒有下文。

該如何回應這個「沒有下文」呢？是託人打聽、直球對決，還是為了避免尷尬當做沒發生過？

我後來決定寫一封長信給Abby，再次告訴她我非常想要做這份工作，薪資待遇也有彈性。我也提到一些上次談話過程中的感想，把自己的優勢再分析了一下，描述更多我能勝任的理由。

我認為找工作還是要先建立好的心態，當時我想得到大公司的一份工作，但站在對方的立場思考，選用一個沒有相關經驗的人，要冒很大的風險，所以寫那封信的目的除了想表達我的企圖心，更是為了提供更多內容來建立並強化對方對我的信心。

後來Abby告訴我，我是在剛剛好的時間出現。她也想求變，認為如果晉用一位不是出身自奧美的人，或許能為客戶創造更多價值。

她是提攜我的貴人與入門老師，也是曾經一起奮鬥的夥伴與好朋友，是我人生衷心感激的對象之一。

失敗可以一百次，成功只要一次

找工作時，每個人都會患得患失。現在很多大學生選擇延畢或唸研究所，有時並不是為了更多的學習，只是想逃避接受職場檢驗，不想太早經歷被社會肯定或否定的過程，但是延後進入社會，卻不一定能帶來更多選擇。

社會新鮮人如此，職場老鳥更有包袱。我也遇過資歷顯赫的朋友面臨轉業，介紹人希望他能自薦說明，但這位朋友卻非常猶豫，是面子問題阻礙了他採取主動。或許重視尊嚴和面子不一定有錯，但可惜的是沒機會看到或許很好的事。所謂「水到渠成」，水總要先流動才行，沒有出發就不可能到站。

我常鼓勵求職的朋友，每個人都只需要「一份工作」，所以失敗可以有一百次，但成功只要一次。嘗試越多，機會越多，這是機率的問題，而最終人們永遠只會記得你成功的那一次，其他失敗紀錄，大概只有在這種寫書的時候才會拿出來說吧。

雖然人求事，無法盡如人意，但是漫無目標靠緣分或用隨遇而安這種話來欺騙自己，就不需要了，有時反而會讓人覺得你不認真找工作。

如果你想找工作或轉業，別忘了還是要列個規格表並廣為宣傳，就算老天爺要派貴人相助，也該每天出去溜溜才找得到貴人；多與外界保持互動，別讓老天爺指派的貴人任務過期。如果有幸碰上了貴人，還要向他接個氣，「運氣」這種東西非常調皮，經常在我們伸手可及之處若隱若現，所以要努力伸出手抓住它；有時雖然你抓住了，「運氣」還會有假動作，想要你放了它，所以一定要堅持一段時間，別因為害羞或面子而放手了。記住，堅持一百次，只要成功一次就好了。

最後我終於進入了奧美工作，為自己創造一個新的開始。很多朋友覺得公關公司辛苦，問我為什麼去奧美，我的回答是：「我去學規矩的。」感謝老天爺讓我有機會展開了這段學規矩的人生歷程。

轉職順利法寶箱

中年轉職比新鮮人求職難度更高，因為主觀上會有多一些要求，客觀上也有更多限制，請帶上我底下列出的那一箱轉職法寶，隨時檢視。

第一、別忘了「向宇宙下訂單」。請設立明確的目標，不管你是否相信這種神祕力量，目標明確至少讓想幫助你的人有方向可以依循。

第二，整理情緒。身段和面子真的是最不需要糾結的事，請主動積極但為人著想。我曾見過有人是連履歷都不願意準備，但是會把有小孩要養、一定要有工作之類的私事拿到求職談話中，讓人備感壓力。請盤點你的人脈，釋放認真要找工作的訊息，而不要用隨緣看狀況之類模稜兩可的說法，大家會以為你真的不缺。

第三，先求有，再求好。十鳥在林不如一鳥在手，中年轉職時常會有曾經滄海難為水的無奈感，致使別人不知該如何安慰我們易碎的玻璃心，也無法幫忙找到能修補玻璃心的好工作，最後只能請我們自求多福。

第四，天生我才必有用。每個人都需要「一份工作」，嘗試越多，機會越多。這個原則反覆應用，可以幫助自己在轉職路上更順利。

第五，歸零不是零。有歷練的人請將經驗和智慧帶進新的職場，評價都是別人寫的，就像看不見的履歷，比起看得見的，這些評價才是一輩子的履歷。歸零不是零，我們最終都能在這個零的前面，加上我們想要的數字。

12 職場反抗軍的生存之道

在職場上，有些人習慣帶著批判的角度看事情，或許是針對公司制式的公文流程、規章制度、開會時落落長的集體訓話、內部人員前後輩間的不成文禮數等等問題。似乎奴性強一點的人比較能夠適應有體制的公司運作，也因此內心有點叛逆因子的人，在適應職場上或許比較困難。

特別是像我這類不喜歡尊崇權威或愛問為什麼的人，就時常被歸類為「職場反抗軍」。雖然說我習慣性的想問為什麼，並不是為了跟誰唱反調，更多時候其實是想達成對方的期待，才會想知道更多前因後果與來龍去脈。我覺得以達成目標為前提去問出關鍵與癥結，有助於在行事上因地因時舉一反三，更能有效完成使命。但是我年輕時不懂得適當的問話方式，也不會拿捏應對進退的態度與時機，再搭配上咄咄逼人的語氣和長得沒什麼耐性的臉，就容易讓人感到有壓力。

「你怎麼什麼都有意見，照著做很難嗎？」我總是被這樣質問著。在公司組織中，反抗軍就算真心為事情好，也不太受歡迎，因為「真心」其實需要「技巧」去落實。

職場反抗軍可能面臨的挑戰

無論當記者還是創業者，擁有反抗軍性格產生的副作用小，因為記者本身就是帶點批判性格的身分，而創業也需要一點革新的精神。但若是把「反抗軍」搬到一般公司職場，可能就會產生災難，而我進入奧美服務時，性格面帶來的挑戰正要開始。

我還記得第一天上班時，在一旁聆聽和客戶的電話會議，內容是在討論記者會的場地。

奧美的同事說：「我們建議可以在╳╳地點舉辦，因為新手機的產品定位很活潑，那個場地很適合。」

客戶的公關窗口回覆說：「是不錯啦，但印象中那個餐廳的天花板有點低，壓迫感重，有其他場地的建議嗎？」

同事說：「嗯，我們還想到〇〇，但是費用比較高，好處是如果請樂團表演，空間大，氣氛更好……」

雖然像是閒聊的對話，短短的十多分鐘，我的焦慮不斷升高，臉上的微笑逐漸僵硬。只是簡單的討論場地，但那些地方我連聽都沒聽過。我心想：天啊，要是把台北市的餐廳、酒吧都探訪一輪要花多久時間？如果連這麼簡單的事我都不知道，我真的能勝任這份工作嗎？

當時心中不斷擔心自己在未來幾個月將如何被檢視，而且為了讓自己「看起來」可以勝任，後來還不時提出了許多「逞強或好強」的判斷與建議，但自己卻渾然不知。

盡心盡力為何被客訴？

公關公司的任務之一就是為客戶爭取媒體曝光，但在主流媒體工作過，原本對新聞的認知阻礙了我把平凡事物放大的想像，我實在是很難適應「把綠豆般大的事變成新聞」的邏輯。雖然為客戶創造出「有梗的話題」是我的責任，但對如何幫客戶產生新聞，還是常常覺得很煩惱，內心的反抗很嚴重，接著更害怕自己根本沒辦法在這個行業中生存，心中懷疑的聲音不斷放大：「搞不定！我絕對搞不定！」

有一天，我直接去找主管Abby談。「我們跟客戶簽約說要有這麼多新聞露出，但我覺得做不到，這真的不可能，辦不到的！」可能從來沒人找她說過這種事，她的表情讓我知道她也很疑惑，但是她堅定的看著我，說了五個字：「一定要有啊！」接著結束了這個話題。

我的客戶諾基亞（Nokia）當時品牌如日中天，不僅是常約客戶，一年到頭還有大大小小的專案委託，不論是在中正紀念堂造雪景、複製憤怒鳥遊戲場景等等，行銷上常有大手筆的驚人之舉。他們很早就從事社群行銷，吸收校園中熱愛3C產品的學生成為校園大使，在網路上發揮口碑影響力。也邀請過如五月天、隋棠、彭于晏等多位偶像明星代言品牌，這個客戶對公司的重要性不言而喻。

除了諾基亞之外，我當時還有其他旅遊、精品和食品等類型的客戶。在原來的總監離職後，我升任主管，獨立帶團隊面對客戶，也必須達成業績要求。我大概有長達半年以上都處在一種「假裝會」的情況，要強裝鎮靜，一有時間就不斷在各種資料中惡補，或加強自己該知道的「常識」，大約是在一年之後才覺得自己稍稍能「掌握狀況」。

但正當我以為自己能「漸入佳境」，有一天，客戶邀我和主管Abby吃飯，包括他們的公關窗口還有總經理都出席。

諾基亞是一個以人為本的北歐公司，對代理商一向溫暖又客氣，但這次的飯局不是為我們加油打氣，也不是慶功感謝，實際上是來表達他們的不滿，說白了就是一場有禮貌的客訴餐會。但在當時，或許是他們太婉轉，也可能是我太白目，雖然知道他們不滿意我的服務，但我內心並不真的知道自己做錯了什麼？我自問為客戶盡心盡力，認真負責，每項專案看來也算順利，有些更受到大家的讚賞，為什麼還要被客訴？面對客戶溫文有禮的表達，我也只能表示會改善，最終抱著滿腹問號結束飯局。

學會成為「懂事的人」

所謂的「知識型服務業」，除了要具備所屬領域知識的廣度與內涵，還要讓客戶不只把你當成傳令兵，不只是當成手腳，而是要讓他們覺得可以依賴你的腦。而所謂的「顧問業」，真正要贏得的是客戶的心，讓他們在心理層面相信你，依賴你。然而要達成這樣的目標，我是少做了什麼，還是多做了什麼？為了證明自己能在公關領域存活，我達成與客戶約定的目標了嗎？還是只是達成了自己的目標？當時的我不懂差異，最終果然把自己推入「做到流汗，反而被嫌到噴口水」的境地。

現在經驗多了，體會過和各種客戶互動、被教訓的過程後，回顧當年，總算明白了「反抗軍」心態造成什麼影響，又是如何讓客戶「不爽」。不論是因為個性或潛意識裡想證明自己，於是對客戶提出的每一件事都有不同的看法，很喜歡對別人批評指教。表達形式不加修飾是一種災難，沒有自覺的口無遮攔更是悲慘。

當時總是第一時間把「No!」掛在嘴邊，每次都有意見，不管是否提出更好的建議，但時間長了，客戶的感受就是：「你永遠都不認同我。」或是讓人覺得：「大家都是笨蛋，只有你最聰明。」

我的主管Abby出過一本書談「懂事」，談到很多她幾十年來在職場上如何變成一個「懂事的人」，非常多的想法都是我在她身上學習到並記著一輩子的智慧，像書中有一句就是：「我知道你是對的，但重要的是這不代表別人就是錯的。」

人們容易看到自己的目標，而沒有關照到別人的目標。「善良」的「職場反抗軍」，有時是為了讓事情更好而橫衝直撞，他們創新求變，不願墨守成規，多半在對人批評指教時也很願意自己身先士卒，勇於任事。從這個角度看，「職場反抗軍」是團隊求進步和改變的動力。

暮氣沉沉的一言堂，的確很難面對現今環境快速變動的挑戰。但重點是要如何把反抗軍的思維邏輯融入團隊合作，卻不破壞職場環境的氛圍，而且把「我是對的，但不代表別人就是錯的」這樣的觀念變成團隊中合作的基礎。

「聽問演三步驟」修鍊法

目標導向的直線型思考者常落入「反抗軍」的陷阱中，這時就需要常常提醒自己：樣樣有意見沒什麼了不起，為反對而反對更不會得到什麼掌聲。如何在態度及做法上尋求共識，甚至進一步把自己的想法有技巧的變成對方或大家的意見，這才是人生精彩的修鍊。

這種境界或許可以透過「聽問演三步驟」來不斷練習精進：

第一是「聽」。提醒自己先別執著於初始想法，若不是很贊同他人的內容，也要延後辯護。聽到其他人意見時，按捺一下自己，可以先用問句說：「這聽起來是個好意見（或這聽起來很有意思），你再多分享一點（我想要多學習一些）可以嗎？」

這個方式是為了聽到對方的思考邏輯、背後動機與目標，取得足夠的資訊後可以試著找出雙方擁有的共同點。

第二是「問」。在找出共同點後，請使用「退一步，進二步」的技巧。把這個共同點視為對方提出來的好點子或觀點，放棄自己對這個點子或觀點的所有權，接下來詢問：「我很同意你的看法，如果這個看法能放大成為……，你覺得如何呢？」「我覺得我們有志一同，至少，我們是不是能夠……」「在你這麼好的想法上，我們再一起做……是加分嗎？」。

最後是「演」。演是推演，演譯，也就是把前面的片段資訊，或是經過幾次聽和問的過程所整理出的內容變成雙方的共識基礎。最終的共識通常會更符合共同利益。

經過「聽問演三步驟」，一般會有兩個結果：其一是當我們對事情真的了解透徹、思路清晰時，經常可以引導雙方達成共識，也更明白彼此的觀點；另一種是當我們自己對相關議題一知半解，經由這個過程，能透過對方的說法修正或補足自己的認知。

「職場反抗軍」擁有批判性思考和創新的基因，我們以好奇心豐富人生，但成熟的人際關係則是從理解對方、換位思考等方法努力開始的。只要願意多學習一些技巧，用同理心強化耐性與溝通，先不定著於某種觀點或做法，「職場反抗軍」也可以既會做事又有好人緣喔。

13 自媒體時代的媒體情商

公關公司的工作內容除了要為客戶創造正面曝光，也有責任為客戶管理負面議題。那幾年工作下來，累積了面對新聞議題與危機的能力。

我在公司時，手上客戶數量最多曾達十二個，平均每個客戶若每個月發生一件不論大小的負面事件，至少就有半個月時間必須面對客戶的危機管理。比方說當時發生過幾次食安風暴，像是三聚氰胺、塑化劑、銅葉綠素、黑心油等等，我都有客戶陷入事件風波，而3C產品的網路抵制風暴或資訊外洩的寫手門事件、汽車瑕疵回收、賣場客訴等大大小小議題，都有可能成為影響客戶商譽、品牌和生意的殺手。所以每當手機來電顯示是客戶高層的電話，我的心臟就會跳很快，擔心又出了什麼事。

後來網路與社群興起，與傳統媒體間形成一種共伴效應：新聞台全日強力放送，網路上話題快速散布，討論的內容又被媒體截取成新聞；高傳播力的網媒更是隨時更新新聞發展。加上現今每個人都可以是自媒體，都有發聲管道，過往事件在媒體上看到千篇一律的內容，而現在任何事都有網友或素人專家抓出細節或爆料，比起經過設計的樣版文章，更讓人覺得真實有趣。

人人都需要培養媒體情商

現今人人使用通訊軟體，都是傳播管道，也成為被傳播的內容，私生活中的各種對話、截圖隨時會被攤在公眾面前，網路風向以網友認知為主，與事實不見得相符。大大小小網紅遍布，連小路邊攤都是自己的代言人，因此現在根本不只少數品牌發言人或高層需要具備高情商，不論你是傳播者，還是被傳播者，不管你是輿論影響者，還是跟風或潛水員，每個人都必須面對無所不在的自媒體，也都需要高「媒商」（媒體情商）。

當局者迷，知易行難，擁有高「媒商」看似不難，但總是在那個發生事件的當下想不到與做不到。舉我自己的一個親身實例：我為客戶舉辦過無數次發言人訓練，每次都會演練各式各樣的情境，其中一個就是提醒他們絕對不要在鏡頭前慌張的跑給媒體追，因為在攝影機前展現的行為就是一種訊息，不管是慌張還是厭惡的跑給媒體追，都是在觀眾面前傳達出心虛、慌亂、不知所措、態度不佳、沒有誠意等負面印象，所以就算不想回答，不願回答，一旦被媒體堵到就要從容站定，不管是被推擠或進逼，也要淡然面對，再找適當的方式緩步脫身。

這個道理聽一遍就懂，何況我還是講過無數遍的教學者。但有一次，客戶發生了被人恐嚇要在店頭丟雞蛋的事件，我想偷偷去觀察是否真的有人去店頭鬧事，沒想到竟然有媒體也收到情報，一不小心在現場被認出是客戶的公關公司，媒體一擁而上，我竟然就低著頭在大馬路上演被媒體追的戲碼。幸好這條新聞不甚重要沒有播出，否則被上過課的客戶看見，我還真的是顏面掃地。

但為何高媒商的道理總是知易行難呢？

還記得我們之前曾經有國防部長說出「哪裡不死人」這樣的話嗎？也曾有

交通部長在雪隧大塞車之後表示要大家做「聰明用路人」，更有市長說出「我們不用Outlet，因為這裡的人不買過季商品」。以上這些表達，都傳達了事不關己的冷漠與違和感。其實這並不表示這些人都很冷酷、不近人情，但是在危機來臨、媒體登門的情況下，每個人都很容易驚慌失措，忘記基本的德性及得體的應對表達，而那些荒腔走板、俗稱講幹話的官員說法，也常是因為急著在第一時間為個人或機關辯護。

培養高媒商的三要素

培養「高媒商」已經不僅是公關工作者的專長，自媒體時代每個人都應該做好日常訓練，以備不時之需。我從之前從事公關工作的心得中，提出三個關鍵要素供大家參考：

第一，要具備基本的「道德」，還要言行合一，並且對事實擁有是非判斷能力。

有時候，一些公司或品牌會為了能不能道歉而糾結，好像只要一道歉，所有責任就會全歸到自己身上，但是能在媒體面前表達出「對基本是非的判斷，並且適度承擔責任」，卻往往是危機變轉機的關鍵。依據我的經驗，有些公司無法像個人好好說話，常是礙於內部法律和財務部門的要求。如果你是屬於個人品牌，這種是非判斷更會顯露出你的價值觀。

網紅當道，各自都有同溫層，有人喜歡走偏鋒，語不驚人死不休，挑戰社會的界限，但一個不小心很容易引火自焚。這就是有些網紅原本說得振振有詞，一看輿論方向不對又要出來澄清道歉的緣故。

我也奉勸很多處理危機的公司或個人，對大眾或媒體的聲明稿千萬不要給法務或律師寫，或者應該說是不能讓只懂法律的人來寫，因為我曾看過太多悲劇案例，律師真的會帶你上天堂，因為他會幫你點燃輿論的核子彈，你會恨不得一覺醒來沒有活在這世間。

第二，運用「智商」，有些人很能說，卻不代表他會好好說。

理解事件脈絡，擁有足夠的資訊做為佐證，確保講的事情正確，邏輯嚴謹合理，細節準確適當。這是一種綜合能力，或許不見得大家都很完備，所以一般人至少要做到的策略是保持良好態度，只說準備好的內容，多說不如少說。

第三，需要有「同理心」。

除了「說之以理」，人們時常更需要被「動之以情」，但同理心不是同情心，不是施捨，而是換位思考。只有將自己放在對方的處境和邏輯中體會，才能夠在情感層面被接受。

總的來說，所謂的「媒商三要素」就是：道德、智商與同理心。

可惜面臨指責來襲，很多人還是會下意識逃避和抗拒。我們之前在客戶的案例裡，也會看見有些惡意客訴是隱藏著利益而來，但是面對大眾和媒體，仍然只有一個標準，就是回歸到我們所說的道德，並且要符合大眾的基本是非判斷。只有在道德上觀念正確，情感上能與之共鳴，才可能做出恰當的表達，挽救自己脫離輿論的風暴。

由天堂跌落谷底的失策

接下來我舉個案例說明為何有人可以化危機為轉機，又為何有人會瞬間從天堂跌落谷底。究竟如何做可以快速止血？甚至扭轉局勢？

在二〇二〇年冬至，桂冠湯圓推出了「鑑賞級七十%黑巧克力」加「百年歷史法國柑桔醬」包餡湯圓，不過上市短短四天就宣布停產。事件起因是一個擁有十二萬粉絲的醫師粉絲團，爆料這次的湯圓是與前董座有性騷擾前科的福灣巧克力合作，並號召網友到桂冠公司臉書粉絲頁留言。此事件導致桂冠發出公告停產此商品，並將「桂冠巧克力湯圓」已售出的所得全數捐做公益。隔日，包含Mister Donut、乖乖與嵜本生吐司、金色三麥等公司也都將與福灣合作聯名的商品下架。

曾奪得巧克力世界冠軍的福灣巧克力，創辦人許華仁先生其父在二〇一五年因性騷擾實習生被判刑。二〇二〇年十一月，此舊案先在網路發酵，網友在著名網路論壇Dcard點名數家知名品牌與「性騷巧克力」聯名合作，引起網友的撻伐和抵制。此時廠商雖然感受到壓力，卻未採取任何行動，福灣巧克力也首度針對此事件發出聲明，被網友喻為是提油救火。

福灣的聲明應該先表達「對基本是非的判斷，並且適度承擔責任」，但是他們卻選擇一開頭先表示性騷擾案件發生在「品牌轉型期間」，會讓人覺得意圖想切割過去。但是這案件的發生與過往的管理制度缺失無關，而是其家族成員的不當行為，因此這種切割並不恰當。不管事件過去多久，既然又被提起，就是現在進行式。

接下來他們的聲明中表示：「在判決確定後向受害人當庭道歉，並依據判決結果予以補償。」法律是最後的防線，民眾對於這家有「台灣之光」光環的廠商，道德要求會比法律嚴格。當網友們搜尋當年新聞，看到判決指證歷歷，大家心裡必定會想說如果法官沒判刑，廠商一定會死不認錯。特別是聲明中又提到當事人因此被卸除職務並接受法律制裁，或許是想描述已為此事件付出代價，偏偏他們是家族企業，加上明顯加害者與受害者兩方權勢不對等，只論法理無法說服社會大眾。

危機處理事件必須提供有說服力的事實證明。福灣在聲明中提及「事件發生後致力打造兩性平權環境，備有暢通的申訴管道，以及用最高道德標準要求自己」等說詞，但卻沒有提到任何具體實際的做法或成果，只讓人覺得是空口說白話。

在聲明中寫得最好的一段，是提及創辦人在事件發生時口出惡言，但多年後他為人夫，為人父，可以感受到女性在職場中的處境，這就是「動之以情」的示範。

可惜的是，聲明中無論哪一段話都沒有直接向受害者道歉，因此被性騷擾的實習生在網路上現身，表明當年是靠家人及男友的支持才撐過來的，讓網友們對她產生情感共鳴，致使福灣更無法擺脫權力傲慢的加害者形象。

無法快速止血的關鍵

這場風暴在網路上發酵，桂冠公司選擇直接停賣商品，明快處理，為桂冠止血，之後把錢捐做公益，並開放索取已製作的七萬盒，為桂冠贏得掌聲，將危機變轉機。

反觀福灣巧克力在桂冠停賣之後，再次做出聲明向所有合作夥伴致歉，並且說願意承擔損失，又再一次被罵翻。因為他搞錯道歉的對象，對合作夥伴說的話無需向社會大眾說明，對比受害者，更讓人覺得福灣重利輕義。

有網紅指責這也是網路霸凌事件，根本不該為過去的事來抵制福灣，但是福灣巧克力在事件爆發後，屏東總店瞬時生意冷清，表示一般大眾的確在意這件事，並且直接反應在消費行為上。有人說台灣人健忘，但對一個為台灣爭得世界冠軍的品牌而言，這樣消極的應對令人感到失望。

產品品質不是衡量一個品牌的唯一標準，品牌就像一個人，聽其言，觀其行，格局、視野都會被當做這個品牌的一部分。福灣如果能提高思考品牌的層次，才能找到下一步的做法，讓品牌重拾往日風采。

這幾年「#Me too」風潮在全球興起，女性挺身反抗許多頑固舊勢力與權力階級，揭發許多性騷擾或性侵事件，所以這與一般正義魔人不同。輿論在網路上抵制福灣，不只是抗議一個老闆對一位實習生的性騷擾事件，而是支持「＃Me too」運動的價值，有更高一層需要被捍衛的理由。

這是將「媒體情商三要素」套用在實際案例中的結果。品牌公關並不是在做表面工夫，「道德、智商、同理心」所表現的是一種價值觀，平時不在意，發生事情時也只能夠亡羊補牢。

別天真的以為風暴永遠不會發生在自己的身上，網路時代，你我都有可能變身主角。

14 職場冒牌貨

進入奧美工作，的確享受了很多大公司才有的好處，最棒的當然是各式各樣的教育訓練，可以學習奧美方法論，也從集團不同公司的許多優秀夥伴身上發現人外有人，天外有天。

除了公司和同事，更重要的是來自客戶端的學習。奧美的客戶都頗有規模，也是經營品牌的佼佼者。每年從客戶的產業調查、策略擬定、全球觀點與在地運作等細節去消化、吸收與學習，不同領域的客戶也有不同的專業知識，更擴展了我對各行各業的認識與視角。我也透過客戶了解到生意會遇到什麼挑戰，會需要解決哪些問題。

比方說大部分的客戶都想賣得更多，賣得更好，但有一次，LV的客戶給我們的課題，就是如何賣得少一點，因為過度熱銷的結果，反而會讓品牌變得不夠有稀有感。最後，它們決定的全球方案是把所有店點的營業時間縮短。

另外像是在日本的哈根達斯冰淇淋有超多不同於台灣的口味，那種嘗鮮的經驗一直讓我念念不忘，但基於客戶的實際經驗，在做組合包裝的販售中，巧克力、香草、草莓才是王道，因為對於高價品，消費者怕買錯，沒吃過的新鮮口味反倒會成為他們購買的障礙，新口味只能是店裡偶一為之的行銷手法。這些不同於一般人所認知的品牌策略，都是我在這個大公司中學到的寶貴經驗。

工作與家庭這兩座山

奧美經驗對我來說，有點像是我的內心原本積存了很多寶物，卻沒有好好歸納與整理，也不知如何正確組合展示，然而，透過奧美及客戶們「各有特色並有規矩的系統」，像是為我做了一個有不同格子的藏寶箱，把心中許多寶物去蕪存菁再進化。在這裡工作最快樂的事，就是與一群精彩的人共事。這是一段琢磨自己的過程，對心性與能力的提升都大有幫助。只能說自己何其幸運，很感恩當時所有的同事、長官、夥伴與客戶。

在奧美的學習爽度大，但是客戶多，也難免感受到壓力繁重，加上家中有三個孩子，每天的生活就像一個不斷旋轉的陀螺。常聽人談論所謂工作與生活要如何平衡，那簡直是奢求。在我看來，人生沒有平衡，只有取捨，所以除了工作和回家，我當時幾乎斷了所有和外界的連繫，就算是這樣，家庭和工作的挑戰對我來說仍非常巨大。

想起我的先生在當年還只是我朋友時，為了當兵抽籤跑去行天宮拜拜，結果抽中了「金馬獎」，去馬祖服役兩年。我還開玩笑對他說：「你為了當兵去拜關公，那當然是派你到前線去保家衛國。」關公是建功立業的武將，去向他求當兵運，難道會讓你躲在本島納涼？同樣的狀況聯想到我自身，我既然立下心願要去大公司學規矩，接踵而來的各種挑戰自然也沒什麼好抱怨的。

我記得有天半夜，還在為客戶的提案改稿時，有同事丟了訊息給我：「這麼晚了，老闆還不睡哦？」我回答他：「如果人生最慘就是這樣的話，我願意繼續……」這種感覺詭異又帶點憂愁的回覆，讓我收穫對方一枚笑臉。然後對話串就此終結（因為真的讓人很難接）。

職場冒牌貨症候群

而後，我長期處於一種越累越要做的狀態中，直到多年後讀了一本書，才知道這種狀況被稱為「職場冒牌貨症候群」。原來我一直處在一種自我貶抑所以不知該如何停止努力的情形，但自己渾然不知，而且長久以來，我覺得我的困難不是大家的困難，我的困擾不會是大家的困擾。

有職場冒牌貨症候群的人，會用「運氣好」來貶低自身所有成就。從我的職涯背景發展過程中，並不知道自己是在哪個環節陷入這種症候群，即便是現在，我仍然有這些潛意識的看法，例如覺得我只是運氣好或誤打誤撞；大家只是禮貌性說說場面話；這根本沒什麼；我只是聽起來厲害而已；應該只是碰上時機，可能大家的標準很低；大家或許是同情我，我可以做是因為沒有其他人想做這件事……

冒牌貨症候群的人會認為其他人都比自己更有能力也更聰明，心底深處認知自己是個冒牌貨，所以需要更努力、更盡責才能追上大家。當投入工作的時間和精力遠遠超過獲得合理成果所需，甚至可能干擾到人際關係和休閒時間時，就是所謂的「過勞」。

其實這種症狀發生在很多職場人的身上，我認識很多背景、出生、學歷各方面都很優秀的朋友，也一樣陷入職場冒牌貨症候群狀態中。雖然過勞造成的問題顯而易見，但是處於冒牌貨症候群會害怕打破這種過勞的循環，因為覺得自己的工作成就來自於此。他們擔心若沒做好，會招致負面批評或失敗。

第一次被提醒自己有這種深沉的包袱，是因為參加了一個「找回自己」工作坊。那是在偶然機會下從網路看到的課程，在我忙碌的生活中不知為何能擠出時間參與。工作坊的指導者讓大家圍著圈坐著聊天，不知為什麼，光坐著就先哭了一陣，每個人都可以選擇願不願意分享近況，我雖然從頭到尾沉默，但不管聽人說什麼都傷心，眼淚像水龍頭般沒止住過，感覺就是繳錢去哭的。

工作坊帶著大家一起寫下在來年要好好愛自己的行動，可惜的是，就算現在拿出來看，做到的還是太少。人們常說「為母則強」，但這樣的生活可說就像一座大山，而職場又是另一座大山，兩者看來算是一種平衡，但卻都是重中之重，令人喘不過氣。

羅曼．羅蘭（Romain Rolland）說：「這世界上只有一種真正的英雄主義，就是認清生活的真相後還依然熱愛它。」我覺得中年婦女面對職場挑戰又要養孩子，就算是實現了這種英雄主義，但代價可能就是陷入冒牌貨症候群，還有不時內心出現空洞，熱愛生命卻同時懼怕生命，看似違和卻真實存在。

冒牌貨症候群的五種類型

為了找回內心的平靜，我陸續看了很多這方面相關的書籍和文章。心理學家將冒牌貨症候群分成以下五種類型：完美主義者、工作狂、天資聰穎之人、強烈個人主義者、專業人士。他們的共通點是大家都看似堅強，實際上缺乏自信，無法真心感到快樂。以下分別簡述五種類型特色：

一、完美主義者：完美主義者通常訂了極高的標準，覺得自己必須將每件事情做到「一百分」，而當無法達成目標時，內心會經歷一連串自我否定與懷疑，甚至有成為控制狂的傾向，認為如果要將一件事情做到無懈可擊，就必須自己去做。

二、工作狂：工作狂通常認為自己的實力並不足以匹配現在的成就，但其實「工作狂」們的所作所為不過是在掩飾內心的不安全感。然而負荷過量不僅對身心健康造成傷害，更會影響人際關係。事實上，我們若不能打從內心真正肯定自己的表現並建立自信，即使獲得再多來自外界的認可，這種成就感也只會稍縱即逝，讓自己永遠受困於他人的眼光中。

三、天資聰穎之人：心理學家研究發現，許多天資聰穎的人也會有「冒牌貨症候群」，會將成就歸咎於天分，而非努力。這類型的人和完美主義者一樣，會設定天方夜譚的標準，他們雖然不會因為無法達成目標就給予自己強烈譴責，但更糟的是，這類的人容易在遭遇挫折的時候對自己產生懷疑，所以當要做不擅長的事，會因害怕而退縮。

四、強烈個人主義者：這類型的人通常不願意主動請求別人幫忙，同時也拒絕他人所提供的協助。凡事都要親力親為才能有所成就，就是陷入這種個人主義式的「職場冒牌貨症候群」，藉由事必躬親來證明自身價值。

五、專業人士型：即使有豐富工作經驗，有時仍覺得自己「一無所知」。當有人讚美你在某個專業領域上的表現，常常覺得自己名不符實嗎？我看過超多專業人士不斷追求各種訓練課程或考取證照，就是為了證明自己可以更好。

你若問我現在「職場冒牌貨症候群」好了嗎？其實沒有。直至今日，我還常常要提醒自己不要落入「努力、自責、迷失、又更努力」的惡性循環中。

在《每一天練習照顧自己》書中，作者梅樂蒂・碧緹（Melody Beattie）說：「看起來最美好的人，其實跟我們並無二致，唯一的差別只在，他們會對自己說，自己看起來很不錯，並讓自己閃閃發光。那些說話最深奧又最有智慧的人，其實與我們相去不遠，他們做自己，並學會放手。」

在人生與職涯的修羅道場上，我們最重要的課題都是學著從中瞭解自己，發現自己，喜歡自己。

15 三明治主管學

你目前的工作是帶領一個人、一群人，或甚至超多人？但只要你仍然有某個需要向上報告的對象（或老闆），就是所謂的「三明治主管」。三明治主管在公司或組織中承上啟下，身負重任。

基層員工如果對公司有什麼不爽，常常會圍著數落公司和老闆的不是。想像一下在這樣的情境中，你的屬下通常會望著你，想看你的行動和反應，看看你到底做什麼或不做什麼。

奧美是個世界級的傳播集團，集團中有不同公司。在一個好大的集團裡擔任一個芝麻官，會感覺自己只是個小螺絲釘，但相對來說，卻有身處在大家庭的安全感。我可以從老闆們身上看到，或是從客戶們身上學到一個三明治主管所需要具備的能力。

三明治主管守則

據我觀察，成功的主管絕大部分會力行三明治主管守則。這個守則就是「侍上育下」，最後做到讓老闆感謝他，同事尊敬他，員工景仰他，偷懶的人害怕他，受他荼毒的人恨死他，卻又會在離職後懷念他。

侍上育下的主要觀念就是「服務你的老闆」與「教出好的幫手」。如果你真覺得你的老闆不值得你服務，請不用糾結，爽快的離開他；如果你不會指導培育員工，那就請你好好練習，主管對此應責無旁貸。

談到服務老闆，可能會有人馬上酸言酸語談什麼奴性太重之類的話，但所謂的「服務老闆」和「拍馬屁」是完全不同的事。或許有時最終行為類似，但是「服務老闆」的核心本質，是為了組織的利益與目標而行動，而且能夠讓老闆真正離不開的員工，都具備「有德」、「有才」或「有腦」的特質。但是「拍馬屁」則常常是為了一己私心所行動，多半只做表面工夫，更多時候表裡不一，對組織不但沒價值，還常常形成阻礙。

三明治主管最傷腦筋的事，就是「向上管理」。其實向上管理的成功因素之一，就是能否為團隊目標與組織利益去「服務老闆」，而執行的重點在於展現自己的「謙卑與企圖心」。

是不是有人覺得謙卑就是讓別人踩著你走過？讓老闆踐踏你？其實這樣想是錯的，因為當你認為自己一無是處，卑微乞求關愛的眼神，那換來的多半也是鄙棄的對待。

謙卑的意思是虛心受教。謙卑的人會知道自己有很多要學習的事，並且渴望趕快開始。基於學習的立場，他們會將老闆所賦予的任務當成每一次增進能力的挑戰，比起問「為什麼」，不如集中精力在思考「如何做」。實際上，只有一直想著如何做的人才能成功。

但是當自己只是因為想多方學習，主動協助工作，有些同事可能會覺得你愛現、心機重，甚至認為你有想要取代他們的「野心」，這部分的確不容易拿捏態度。

在工作職場中所謂的企圖心，是指在乎工作，專注工作，不怕失敗，勇於扛起責任。

三明治主管不論是衡量自己的行為或是評斷員工，或許都可以把焦點放在一些實際行動的層面上，例如是否做事開會都有事先充分準備？在適當場合是否勇於發言、言之有物？是否願意利用額外時間完成任務？是否願意利用時間學習來增進能力？不需要著墨在特別做什麼動作或是刻意表現些什麼上。

災難型主管特質

相較高績效主管，我也歸納出公司最想剷除的災難型主管，希望大家可以避免讓自己成為這三種人。

第一種：工會領袖型。在公司裡打造自己的禁衛隊，但目標卻時常和組織不同，拚命維護自己的團隊，抵抗和排斥團隊以外的所有人，所以老闆不滿意、部屬也不見得有動力。

第二種：上下敷衍型。這種主管最常向員工說：「哎，這我也沒辦法，就是公司規定，老闆交代，你知道，我人微言輕做不了什麼，大家就忍耐點。」然後對老闆說：「任務我都交待了，我會盯著他們做。」四兩撥千金，不痛不癢，一種逆來順受、敷衍了事的態度，這種主管多半就是不想惹事上身，在組織裡當個爛好人，而員工只能自己自求多福。

第三種：欺瞞壓榨型。這種類型是我認為最糟糕的，他們會向老闆拍馬屁說：「公司這個決定真是太好了，一定是因為老闆英明，員工都很看好公司的決策，我真的覺得太棒了。」但真實的狀況可能是員工對任務想達成的目標及做法缺乏了解，普遍沒有信心，也不知該如何執行。這樣的主管向老闆粉飾太平，欺瞞奉承，又壓榨員工說：「我們都不意外吧，公司每次要做什麼都沒有妥善計劃，不知道高層在想什麼。但如果你們不照著做，沒達成目標，獎金升遷都不可能，搞不好還會丟工作。公司一向都這樣，大家聽清楚了吧？」這種心機重的主管經常會利用資訊落差及資訊不對等的技倆討好上司，壓榨下屬，一旦遇到事情，也絕對會找替死鬼卸責。

這三種類型的主管對公司來說只有負面作用，十分不可取。但若不巧你遇到的主管是這些類型，請給自己一段時間沉潛且好好發揮所長，或另找機會升職甚至轉調他組，否則影響的是自己的工作動力與效能。

許多新鮮人嚮往進入奧美這類有名號的大公司，但是進公司二到四年，升任到資深專員或經理後，離職率就大幅增加。每年大概都有兩成以上的人離職，就我待在奧美那五年多，最慘的時候團隊中有三分之二同事都是新進人員。當時除了要達成績效，還必須教育新人，真的非常心累，但也只能安慰自己說，一起教，也能一起成長，只要忍耐個半年到八個月，就能脫離苦海了。

如何帶出好幫手？

我們集團的講師經常會談一些育才留人的課題。我記得聽講師說過，只要員工離開，就是主管的責任。當時我很不以為然，因為公關業薪水普通，工時不固定，除了要展現專業還要有服務精神，好不容易培養得有點基礎了，又會成為其他公司的挖角對象，把員工離職的責任都推給主管，實在對主管太不公平了。但是後來，我大概理解講師其實希望的是能提升我們的領導力，不過人員流動的頻率高是事實，能夠快速「教出好幫手」還是比較實際。

以下提供一些我學習到的重點與大家分享。

一、員工就是要教，沒有人不教就會：

雖然最討厭聽到應徵者說：「我是來學習的。」心裡嘀咕到底是你要付學費給我，還是我要付薪水給你。然而事實就是這麼殘酷，如果你希望來一個新人，就能放心把事情都交給他，那還是早早洗洗睡，做夢比較快！一個新人必須從工作習慣開始教起，最重要的五種習慣，我把它們列了口訣「判，懂，會，報，管」。

第一是「判」，學習判斷事情的輕重緩急；第二是聽懂交辦，第一次就把事情做對；第三是會議前準備，會議中記錄和會議後追蹤；第四是定期報告工作進度；第五則是做好情緒管理，分清楚公私場合。

就算是一位職場老鳥，或許不用手把手的教做事，主管還是要把自己當成燈籠，為他照亮現在這條沒走過的路，指導他什麼地雷不要踩，什麼狀況停看聽，評估他做事的能耐，指派相對應程度的工作讓他上手並漸入佳境，這都是必經的過程。

如果主管無為而治還時常在公司負責講笑話，其實背後原因經常是不適任，或是想逃避責任。無用員工能不能好用，好用員工能不能卓越，責任還是在主管身上。

出社會的新鮮人如果遇到能力好、肯負責又願意教的主管，真的非常幸運。培養出好的職場態度，擁有良好的工作習慣，一生受用。

二、主管不要只是「碎碎唸」：

有些主管苦口婆心教了一件事情後，會一直問懂了沒？知不知道？多半員工都會說「懂了」、「知道」，但這真的是個大地雷。如果沒有經過確認，許多人沒聽懂也不好意思反應，更可怕的是不懂裝懂，根本沒搞清楚事情的做法。所以最好是講完後請他重述一次，也可以在開始教之前就提醒等下會要求重述，讓他專心聽。

更進一步的辦法是在教完之後，要求說明如何把學到的內容運用在他要去辦的事情上，請他多說一些方式、步驟，以及認為這樣做的優缺點。陪他沙盤推演，就能確保真的有聽懂，也真的知道該如何做。教員工真的和教小孩一樣，小時候不投資時間，長大就令人頭痛啊。

三、風箏式領導：

對於「判，懂，會，報，管」有基本工作守則，並且有一定的工作能力與知識涵蓋面到達一定程度的同事，一般工作駕輕就熟，較複雜的工作也能通過考驗，此時就可以考慮採用風箏式領導法。

不需再拘泥於執行面的做法，而是提供明確的目標後，授權給他一定的自由度，實現自我管理與自我成長，有時會得到意想不到、更好的結果。

郭台銘先生說過，事情能否成功，取決於時機、方向、程度。所謂的「度」，就是最難衡量的，授權到什麼程度、授權的節奏都很關鍵。

「放風箏」的管理者需要先讓風箏飛起來，然後循序漸進讓它飛得更高更遠。考慮手中線的粗細、長短、風力、天氣及風箏自身的好壞，在放手和收緊之間是一種動態調整。

相同的，在職場上的實際做法，就需要透過溝通來完成。領導者多問好問題或開放式問題，討論彼此認知差異，適時提供達成目標所需的資源和協助。

曾看過一些主管誤解授權的真意，交辦後就不聞不問，等到員工把事情搞砸了，就心煩氣躁的怪罪大家都無用，但最後還是只能把事情攬回身上，如此惡性循環，永遠都不可能有好幫手。

第四部

耐力賽

順其自然找到自己的生命節奏，努力鍛鍊強壯的心靈肌肉，化躲不開的挫折成為每一次逆勢反彈的力量。無需陷入「我希望」、「我期待」或「下訂單」的想像中，也不用滿足於暫時的安定與保護。

從現在起，我們為自己做抉擇，時時行動，培養堅強的性格，主動創造自己想要的一切。

16 關於孩子，離職的抉擇

在奧美「學規矩」那五年，平常需要連繫的客戶很多，事情既多又雜，再加上孩子多且年紀小，幾乎永遠處在「超時超載」的狀態。沒做完的工作常常帶回家，還自以為可以陪小孩睡覺後再起床繼續奮戰，偏偏實際上是直接在孩子的床上一覺到天亮，然後把工作原封不動又帶回辦公室。

就這樣日日悔恨，日日充滿罪惡感的面對家人的質疑與不諒解，不斷掙扎在工作與家庭之間。

關於「女人要不要自己帶小孩」這話題總是討論沒完。有些人覺得白天上班、晚上帶小孩，既辛苦又不能讓小孩獲得完整照顧，尤其當孩子多，上班賺的錢甚至可能不夠付保母或托育費，以成本效益來看似乎不划算。

職業婦女與家庭主婦的難

「工作與小孩誰重要？」

「不懂得為孩子犧牲，為了工作不愛小孩。」

職業婦女常會遭受這樣的質問或質疑。有在工作的媽媽們一定有過這樣的經驗：小孩在幼兒園和低年級階段特別容易互傳疾病，有時工作正忙，卻接到學校打電話來說小孩發燒，這時只能馬上讓手邊的事告一段落，再衝去學校帶小孩看醫生。也曾聽過一位朋友氣噗噗的說，他們家請保母來照顧小孩，沒想到她老公竟然在吵架時大吼說：「小孩長大都和你沒關係。」讓她氣到腦門充血，超想離婚。職業婦女要面對外界壓力，同時還要對抗內心糾結，這點總讓我覺得能存活下來的，都是「了不起的女人們」。

事實上，也不是在家的專職媽媽就會得到所有人認同。我有許多為了家庭和孩子放棄工作的朋友，每次聽他們訴苦都大開眼界。家庭主婦首先要面對失去了自己獨立的經濟來源，用錢時需要先考量家人的需求，把自己放在最後；

有時夫妻吵架，還會受到經濟制裁。甚至有些老公會不按時間給錢，或不時查帳，甚至聽過更離譜的是，有朋友拿自己婚前積蓄送結婚禮金給好友，還被老公嫌包太多。

或許夫妻之間金錢觀不同，用錢方式也需要磨合，但是沒有自己的收入，婚姻關係也不能保證天天你儂我儂，冷不防就落入沒有尊嚴、看人臉色過活的日子。

不僅如此，家庭主婦還可能承擔各種虐心評論，例如小孩生病或成績不好，長輩們可能會說：「都已經在家帶小孩了還顧不好！成績這麼差，有在教嗎？……」聽了真是讓人又嘔又難受，感覺就是一種以愛為名的剝削。

有位好朋友原本在外商銀行做事，生了小孩後在家當全職媽媽。她說：「我覺得大家好像都認為有收入才能受尊重。家庭主婦沒收入，不僅在家地位低，連出去外面人家都會問你有在上班嗎？感覺沒上班就沒有自己的名字，到哪裡都被稱呼『某某媽』。剛開始覺得自己有工作不做，回家讓人糟蹋真是笨死了，不過想到初衷是讓孩子感受到有媽媽在家的溫暖，就盡量不去在意別人的看法。」

在工作和家庭的抉擇過程中，放棄事業的被說成「沒有自我」的家庭主婦；放棄家庭的則被說是「沒血沒淚」的女強人。看來不只職業婦女要為自己找信念，家庭主婦也必須學會想開一點。

認清自己，做好決定

我認為考量做職業婦女或家庭主婦，和考慮「轉職」的心態有點像：是要為了「下一份工作更好」而轉職，不應該是因為「現在的工作不好」而離開。畢竟家庭主婦是個超級不容易的職務，千萬別為了逃避工作瓶頸妄下決定；就算是有條件回家給老公養，也要評估是不是永遠能嚥得下這口飯。

理性思考一下，第一步還是要問自己是不是這塊料，認清自己，別誤下判斷。第二步則是要取得和另一半的共識，不管在心態上或經濟上，雖然這一點相當不容易，我做了半輩子還沒成功，還在觀望下半生的進展。第三則是要想清楚，無論什麼決定都是自己做的，別把孩子當成做決定的藉口。

我記得周星馳的電影《九品芝麻官》裡有句台詞：「我全都要。」後來衍伸為網路流行語：「小孩子才做選擇，我全都要！」身為家庭與工作都想兼顧的女性，一定超想吶喊出這句話！但職業婦女或專職媽媽都有各自的難處，無論是繼續工作或回家當主婦，愛孩子的心都是一樣的，無法比較。

有些長輩習慣對兒女情感勒索，他們會說：「媽媽就是為了你才如何如何……」話語中表達的是自己為了兒女失去人生，但實際上，沒有人會喜歡自己的成就源自於母親的犧牲。我相信不管做什麼選擇，孩子一定都有可以從媽媽身上學習到的地方，所謂兼顧家庭和工作的定義應該更開放，而不僅僅是為了滿足先生或長輩的觀點。

如果已經想清楚要做職業婦女，就不要去放大自己的罪惡感，老是心想：「我一定是不及格的媽媽。」請放下這個念頭，你並不是後母，也沒有人應該幫你打分數，有罪惡感是正常的，因為我們是那麼的愛孩子，永遠都希望他們擁有最好的。職業婦女沒時間煮飯或沒打掃都是很正常的事，叫外送或外帶食物，找鐘點工幫忙清潔家裡環境，都是應該的。讓我們一起學習用更有效的時間管理方式來取代罪惡感吧。

人生選項不只二選一

當你看到事業成功還優雅的像貴婦般的朋友在臉書上分享照片，那些父慈子孝、窗明几淨、滿桌飯菜，還加上小孩成績才藝都好棒棒的情景，是不是常讓你怨嘆老天不公平？千萬別懊惱。我每次看到這類貼文都會給朋友按讚兼笑臉，因為我知道這世上的大媽私下都是夾個鯊魚夾的瘋婆子。

那些永遠搞不定的夫妻矛盾，婆媳小姑三叔四嬸的家族衝突，或是小孩的黑歷史這類生活中光怪陸離的經驗，很少人會拿來貼社群。所以我們也偶爾拼貼一兩張照片放上去，讓大家給你按讚加歡呼，大媽的生活就是要這樣彼此鼓勵討拍，別打擊了自己的信心。

有一項哈佛調查可以安慰到大家。研究數據說明，由職業婦女帶大的女孩不只能從母親那兒學到如何平衡生活與工作，也會學習到許多參與工作的方式，學習如何讓工作變得更有效率和如何增進人際互動關係。她們長大後的平均薪水比同儕多出百分之四。這也可能是因為他們通常教育程度較高，社交技巧較好或是任職於管理階級的緣故。而由職業婦女帶大的男孩，傾向更願意幫助老婆照顧小孩，並且勇於擔任家庭照護的角色。男女分工合作，也更符合社會平權的潮流。

社會上對工作的定義及型態正在不斷改變。現在大家常問：「我該離職嗎？」或許可以有另外一種問法是：「我想工作嗎？」「我必須工作嗎？」因為隨著人生不同階段，工作也多了很多種可能性。

除了上班和做全職媽媽，有沒有其他更開放的選項呢？在創業圈，我接觸到一些矽谷的朋友，那裡有許多媽媽們在婚前或生孩子前都是在職場上擁有一片天的女性，在結婚生子後的下半場，最吸引她們的反而不是高薪的工作，而是擁有彈性的工作性質，所以媽媽「創業」又成了另一種選擇。雖然大家很多時候還是只能利用孩子睡著的時間忙自己的事業，但能有彈性的顧及家人和孩子，又讓她們找到了一種人生的可能性。

在奧美工作了五年，我因為類似的理由選擇離開，再次投入創業，就像那些矽谷媽媽一樣。我們想保持工作存在的意義，而不只是追求頭銜和收入；我們想要的是一種持續學習、自我挑戰、展現價值的方式，即使很多人可能不懂，也可能幫忙喊累。

在此，我想向所有選擇在工作場域上繼續奮戰、也在家庭中努力求生存的女人們致敬。

17

「知道不知道」與「時間不歸管」

離開奧美後，我開了一家顧問公司，一開始從行銷公關類的專案入手。當時台灣正好興起Maker（創客）風潮，我與資策會合作一項青年創意平台的案子。起初聽到Maker這個名詞，我竟以為Maker是「木工」，後來才知道Maker（創客或自造者）指的是一群酷愛科技、熱衷實踐想法的人，以分享技術、交流思想為中心。他們有一個很大的共同點就是：「想要動手做一個！」拜3C產品的蓬勃發展，無論3D列印、雷射切割等技術越來越普及，動手做的層次已經從「製造」變成了「智造」。

後來我經營的領域從創客延伸到科技創業，甚至成為投資者，這在離開奧美時是沒辦法想像的。當時我根本不知道，原來世界上還有這麼多新鮮事，比起原本知道的，不知道的事真的多很多。

關於「知道」與「不知道」

大家可能會覺得我這麼喜歡算命，離開奧美前難道沒去算過？答案是：當然算過了。當時算命老師是這麼說的：「你現在就像是坐在車裡，但走在一條塞車的路上。既然塞車，換哪一部都走不快，所以換工作也沒用。」偏偏我就是那種很愛算命又喜歡唱反調的人，聽完老師這麼說，我心想既然都要塞車，不如就換部車坐看看，這樣比較有新鮮感。因此我的離職創業，可能不是在運勢上有了什麼突破，不過從公關行銷轉到科技創業，對我來說等於是打開了一扇知識的大門，「知道」了許多「不知道」的事。

曾經讀過一套法國人寫給小孩看的哲學書，書中寫說：「知道是為了自由。」如果我們什麼都不知道，根本不可能做好選擇，只能順水推舟，憑運氣或別人來替自己做決定，這樣的人生就像是隨著河水漂流的樹葉或天空中的氣球，只能任憑他者決定我們的去處。

當人生衝破二十歲的懵懂，跨過三十歲的煩躁，迎來四十歲後的某些「知道」，我們一定都變得世故了，但是也發生了很多「不知道自己不知道」的情況，不論是對客觀世界的不知道，還是對內心世界的缺乏洞察。

關於人們對於「知道」與「不知道」的誤解，郭台銘先生也曾提到過，大部分的人都處於「不知道自己不知道」，更悲劇的是，或許還誤以為自己知道了。就像有些東西對別人來說是常識，但我們沒有經過指點和引導，有可能會一輩子對此無知。就像我把Maker當木工，現在聽起來好笑，但一開始真的就是「不知道」。

如今學經歷已經不是決戰場，知識邊境的侷限才是人生發展的限制。名廚江振誠曾被人問到關於「跨界」的問題，他說：「我認為重要的是如何跨出眼界。」他在接受許多採訪時，都說了深化視野的概念，所以他的每一步都在想要如何跨出看得見和看不見的疆界。

或許可以試著多交點不一樣的朋友，多參加一些不一樣的活動，許多不一樣的人彼此交流，常會有發現新世界的驚奇感。人生處處都有導師和貴人，就算是你討厭的人，有時你也可以試著想想為何彼此觀點不同，這代表著先備知識的不同，藉此可以點醒自己許多「以為知道卻不知道」或是「不知道自己不知道」的事。

我們可以管理時間嗎？

人生還有另一個大誤解，就是以為我們可以「管理時間」。

舉我最近的例子來說，為寫書趕稿是一件很煎熬的事，就算每天懷著抱歉的心，卻也無法呼喚出文思泉湧的筆。現在你看到的這本書，在經歷數次拖稿與更改期限後，終於訂立一個最後的時間表，我在僅剩兩週的期限，自己用小目標取代大目標，規定自己每天該完成多少字、多少章節，完美的做好計劃。可惜，最後還是輸給那句話：「計劃永遠趕不上變化。」所以我總說：「時間，從不歸任何人管。」

當時我的身體出現一點小狀況，發生臨時需要動個小手術的意外，我心裡還想說太好了，因為平常在家雜事很多，總是阻礙我寫書的進度，既然有機會待在醫院，安靜的病房是個絕佳的趕稿環境，一定可以讓我展現前所未有的爆發力，把原本缺交的進度一次補上。

然而，一切擺明了就是我「想太多」。手術過後我處於昏昏欲睡的狀態，掛著的點滴在未得到醫生許可前無法拔除，就算自己覺得只是小手術，術後就能生龍活虎，但實際情況就是只能躺在病床上樣樣不方便。

人生總是有太多意外，讓我們眼睜睜看著時間流逝，什麼也沒辦法做。說得好聽是我們可以做「時間管理」，但其實面對時間，充其量我們只能想著如何好好利用。

想著要如何「管時間」，不如來好好想要如何「用時間」吧。這和花錢的道理有點像，你自以為有一千元可以花，東扣西減的，真的到手上能花的就只剩七百元；我們以為還有兩個星期可以用，除去那些總是不明原因流逝的時間，真正能落實進度的時間所剩無幾。時間總是自顧自的往前，自顧自的消失，完美的計劃比不上養成良好的做事習慣。若我們願意先承認時間從不歸我們管，我們才能真正面對時間從來不夠用，所以需要的不是管理，是取捨。

學會「善用時間」的法則

「善用時間」更優於「管理時間」，這個方法特別適合認知自己時間永遠不夠用，又經常面對變化多端環境的人。如果你總是發生計劃趕不上變化的事情，又想要投入的時間都有較高報酬或產出，可以試試看這個方法。這項方法的前提就是我們都同意，事情永遠做不完，也或許沒必要全部都做完，所以動態排列並調整優先順序，以八〇／二〇法則為操作核心。

所謂八〇／二〇法則，最早由義大利經濟學者帕列托（Vilfredo Pareto）發現。他在研究十九世紀英國人財富分配時發現，大部分的財富流向少數人的手裡，也就是百分之二十的人擁有了百分之八十的財富，後來就被稱做八〇／二〇法則。在大多數人所做的努力中，百分之八十的付出僅僅能帶來百分之二十的結果，這種現象可以說是無處不在；換句話說，所謂「一分耕耘，一分收穫」並不能解釋現實中的大部分情況，所以如果要運用在善用時間上，具體的做法是什麼？

一、想清楚再做，用對的方式做對的事情：

要開始做任何事情之前，盡量先把前因後果弄清楚，第一次就想辦法做好。在前面「三明治主管」這章中有說到如何「教出好幫手」，基本工作五字訣「判，懂，會，報，管」，其中的「懂」就是搞清楚內容。如果是要分工給別人做，寧願花時間把事情交代完整，確認分工的對象清楚目標和做法，把時間運用在「想清楚如何做」和「交代好怎麼做」。節省自己和別人的時間就是最大的禮貌。

二、主動去做，被動等待就是浪費時間：

如果有人說：「等我確認了再和你連絡。」那請你禮貌的問對方，如果沒收到連絡是否在某某時間可以再確認？或許會有很官僚或不耐煩的人不願給承諾，但自己的時間表自己掌握度高一點，總會比每件事都被人拖著要好得多。常遇到有同事拖延了工作，一問之下，才知道是別人的拖延耽誤了他，這種永遠都在「等」的難題，常需要拿出「上游思維」，老想著是別人的責任，終究不是辦法，或許主動協助上游解決問題才能更節省自己的時間。

三、找出重要的事情做，別在瑣事上鑽牛角尖：

人生不會因為你把事情做完而變順利，依據事情多寡決定以週為單位，或是二至三天為單位，甚至事情多時以一天為單位，決定出該好好做、認真做、投注心力做的事一到兩件，其他事或許有做就好，重要的事可以輪著來，但不用一起來。每樣都想滿分，就是樣樣不及格；每段時間中都做最重要的事，時間久了就樣樣都輪到，平均來說成果不會太差。

四、把時間鎖住：

剛好有時間，不用想什麼原本計劃之類的，把最近時間內最重要的事趕快拿出來做，短暫遠離手機及社群工具。我曾經為了專注工作把手機放一旁，竟一轉眼發現五通郭台銘先生的未接來電。所以大家要這樣做之前，也得先注意例如家人、小孩或重要人士的連繫是否不漏接，避免發生想像不到的意外。

五、把愛也列入輪值：

就算再好的安排，也不可能完美。記得把休息和家人相處的事也排入輪值的重要事項中，畢竟最好的充電，就是我們知道自己和所愛的人都是一直保持著連繫。

時間不歸我們管，但我們可以盡量好好用，而那些不受控制就這樣流逝的時間，也不用太擔心或太懊惱，就算時間因為發呆、耍廢、逃避而流逝也沒關係，這些原本就是用來調節人生的洩氣閥，因為永遠充滿氣的氣球會有爆炸的危險。把能用的時間拿來做重要的事，多一點時間就多做一點，時間有限就少做一點，不用在意每樣事情能不能都做完。輪流做，長期下來時間紅利就會給你很大的回饋，這是我在這幾年才感受到的一種心流狀態。

18 「心想事成」與「逆勢反彈」

認識郭台銘先生是在朋友的家庭飯局，那時還在奧美工作，他當時對我的印象就是整桌人都拿iPhone手機，只有我拿諾基亞的旗艦N95，是一支結合了鍵盤和觸控螢幕的側邊滑蓋機。他得意的拿著我的N95，講述這個側滑蓋不容易做，他說諾基亞是他的客戶。我當時在想這位大老闆還真認真，連製造細節都了解。

或許是因為家庭聚會，他並沒有想像中嚴肅，說起了救狗的歷史，電視上的事件被重述在眼前，大家聽得津津有味。郭先生很能說故事，後來還聽他講過當年小郭在雨中騎車滑倒後，半邊身體「犁田」，還驚險在貨車車輪前撿回了一條命。我覺得對比郭語錄，小郭的故事更勵志，誰能想到那位摔車負傷，還要拖著命去和客戶領貨款的小郭，最後能成為全世界EMS的霸主。

後來諾基亞結束相關手機事業，我的客戶換成了三星，郭先生也偶爾會打電話來問一些關於品牌經營的事。由於我大部分看見的都是他的閒暇面貌，在少了警戒心的狀況下，就讓我見識到不容挑戰的權威。

轉換新工作的契機

他知道我除了在公關公司上班，還有和朋友經營有機無毒的事業，所以當他捐贈的永齡農場開幕，就通知我去高雄看看。當天現場人很多，我自得其樂的在人潮中遠遠看見郭先生，因為他身旁的人實在太多，所以我也沒去打擾，第一次看見這麼大規模的農場，算是開了眼界，也認識了幾位朋友。

郭先生來去如風，正當我也準備離開時，電話響了。郭先生在離開的路上打來，我正在感動他沒忘了把我叫來這個偏僻的山裡，所以滿懷感激的說：「謝謝董事長的關心和邀請，這裡很漂亮，我玩得很開心。」一心想這回答應該得體吧，沒想到郭先生的震撼教育居然是對我說：「玩什麼玩？我又不是叫你來玩的……是要你好好想想怎麼幫農場賣東西……」

當下我腦門上出現三條黑線，滿是黑人問號。為何我要想這件事呢？從這個滿腹疑問的時間點開始，又隔了快三年才真的接手農場。

當時從每年虧損快五千萬元，持續做到損益兩平，又花了五年多才成立農民合作社，朝農民自主經營的方向進行，前前後後經過快十年，才真的證明了當初不是去玩的。

從奧美離開後重新創業，一方面發展新創相關服務，一方面也接手農場，時常和白佩玉、劉吉仁商量吉品公司的發展。直到某天，我被郭先生指派了永齡基金會執行長的任務。

我對郭先生說，這個頭銜讓我很害怕。他回答：「你怕？我看你天不怕，地不怕，你怕誰啊？」一時語塞，於是我就這樣一邊創業，一邊做基金會。看起來好像都是郭台銘先生的一聲令下，但我當時卻忘記其實這份工作，竟然是我向老天爺求來的，一切極不可思議但卻是真實經歷。

向宇宙下訂單

在奧美的後期，家庭和工作兩頭燒，人生不光是用遇上瓶頸形容，而是溺水急需浮木，因為不可能改變任何人、任何事，唯一的機會是改變自己。於是我到書局把可以增加正能量的書全都買回家，尤其是有實際做法的，因為我並不求「知其所以然」，只求有個做法可以轉移壓力。

當時剛好《祕密》這一系列叢書當紅，書中不論是要我每日寫下十則感恩的事，還是要連續三十天做不同的練習，我都不問原因或結果照著做。其中包括寫下一整本人生願望，叫做「向宇宙下訂單」，書中要求我們鉅細靡遺寫下對未來、家庭、人生與財富的各種想像，越細節越好。我把這些都當成避免放任自己負面思考的輔助工具，不管有用沒用，每天都是做了再說，就這樣一天度過一天，好像日子也就慢慢熬了過去。

在做了基金會執行長兩年多後，有天整理書桌，忽然發現當年自己寫下的人生訂單。打開第一頁，自己都驚呆了！我竟然寫著對自我長遠的期許，就是要經營基金會，追求社會的公平正義。那時人生訂單還寫得真詳細，包括人員配置和辦公室的大約樣貌，竟然都和後來的實際狀況差不多，唯一一個不一樣的地方，就是我的訂單只說要一個基金會，而後來管理了不只一個。宇宙竟然還會幫訂單加碼。

從紛擾中體會「放下」

許多人認識我，是因為郭台銘先生參加了國民黨的總統初選。紛紛擾擾的幾個月，再加上後續的政治效應，對我的身心都造成很大的負擔，但是在那過程中，我被國家社會的大義趨動，就像打雞血一樣，感到既振奮又有意義。但是後續各種攻擊、陷害、抹黑、汙辱等負面評論如排山倒海而來，在我知道或不知道的情況下發生。我老公有一天語重心長的問我：「你認為值得嗎？」

事實上，選舉完後我生病了，不是感冒發燒，也不是憂鬱傷心，更不是在意得失，而是我對人的信心動搖了。有些朋友因為政治立場與我疏離，有些人因為誤解我要攀登權力頂峰忽視了他們；家人不斷處於要爆發的狀態，一些四處造謠者竟有來自內部人的陷害栽贓，顛覆我的三觀，許多政治蟑螂自私自利的小人作為，令人憤憤不平。

有一段時間，每天反反覆覆在正向思考與負面思維中起伏，不知道該如何做人處事，我成了一個生病的憤青。另外還有一個更關鍵的原因，就是這次跨界真的跨太大，做對做錯的事情連自己都無法分辨，理不直氣不壯，一直說對不起，但我也不知道我究竟對不起誰？

紛擾告一段落，許多平時並沒有太多連絡的朋友找我，我以為可能有什麼事，但常常都只是他們安排了一場有趣的聚會或晚餐，沒人提起任何和選舉有關的話題。我理解了那是他們表達的溫暖，希望寫在書裡讓大家看到，能懂「我的明白」，與心中對他們的無限感激。

我也曾經在那段時間中傳訊息給一些朋友，幾個月後他們回訊問我有什麼事，說當時沒看到或是錯過了。對此我也都禮貌的回答：「應該沒什麼事吧，我忘了。」嘻嘻哈哈的船過水無痕，我想這也是朋友的另一種溫柔。大概是擔心我找他們會要求表態，連絡不上反而對我來說是好事。

這次的人生體驗還來不及想就進入行動，可能是基於責任感，也可能是好強，或是剛好的不得已，但就跟當年借票給人追債的事件一樣，人生沒有藉口，也不能推脫責任。所以這一次「踩大便也要好好脫身」，指的不是把政治當大便，而是努力試著把過程中所有對人生價值觀產生懷疑的事情都放下，這次要放棄的是許多的憤恨。

鍛鍊好心靈肌肉

我花了滿長的時間自我修復「信任危機」，做法是想哭時哭個夠（有一段時間還哭不太出來，特別找了不少催淚電影來看）；哭夠了就打起精神想辦法參與不同的聚會或學習，認識更多不同的人，為工作、為生活訂定一些新的目標，不斷行動，不斷嘗試新鮮事。

在練健身的人都知道，肌肉訓練就是破壞後再重建的循環，在肌肉修復時會需要大量的蛋白質，而心靈肌肉的鍛練蛋白質，就是「探索」。不論是對外探索更大的世界，或是對內探索更深的心靈，我們總會在每一次的訓練後「酸抽痛」，但那都是為了能夠在人生終點時說：「我冒了險，就算一次又一次傷心，我也會讓自己再度去試；儘管害怕，我還是回應了自己的人生！」

有人問我說，「向宇宙下訂單」這麼神奇，那你還有再做一次人生訂單嗎？答案是「沒有」。因為我把後半段的經歷當成那次訂單的「後遺症」，所以人生接下來就一邊努力，一邊順其自然就好。所謂吸引力法則是被動等待事情成真，而訂單後遺症及我的真實案例不知是好是壞，由你判斷。

但順其自然找到自己的生命節奏，努力鍛鍊強壯的心靈肌肉，比較像是訓練一種反彈力，化躲不開的挫折為每一次逆勢反彈的力量。無需陷入「我希望」、「我期待」或「下訂單」的想像中，也不用滿足於暫時的安定與保護。從現在起，我們為自己做抉擇，時時行動，培養堅強的性格，主動創造自己想要的一切。

19 老猴子也要學會新把戲

我說郭台銘先生很會講故事，比起郭語錄，郭董的故事領導更有意思。正所謂長江後浪推前浪，前浪死在沙灘上，若要選一件事提醒職場小有成就的朋友們，那我一定要分享這個故事。有個故事雖然聽他說了至少十幾次，但因為他提到的場景和品牌我都非常熟悉，每次聽還是覺得有趣。

在鴻海土城總部，郭台銘先生的辦公桌上有一支諾基亞手機，它就一直擺在那裡。郭董說當年想要找生意，想要有訂單，就在芬蘭赫爾辛基諾基亞總部外面天天等，希望能見到產品設計師，知道最新的設計。如果有設計圖或是樣機，就可以趕快讓工廠研究，有機會爭取到訂單。但是常常從天明等到天黑，一日等過一日，沒辦法估算何時見到人。

我第一次去芬蘭是接受他們觀光局的邀請，當時還在華視當記者，接待人員向我描述芬蘭民情。他說如果有一個芬蘭人在河邊釣魚，看到河面上有隻鞋子從上游漂下來，那這位芬蘭人會不假思索，趕快起身整理行裝換地方，因為發現附近竟然還會有別人，太不可思議了。這當然是開玩笑的話，但反應了北歐地廣人稀的特色。

後來我在奧美服務過諾基亞，也不只一次去過諾基亞總部。諾基亞園區並不在繁華大都市，而是在首都近郊的森林中，園區附近除了樹還是樹，入夜後，一片寂靜與荒蕪環繞著亮著燈的諾基亞園區，稍微走遠一點都怕會迷路。想像一下，苦寒又人煙稀少的北歐，在森林邊境的諾基亞，小郭業務在大樓外面痴痴等著設計師，以郭董這種過動兒性格，難道每天繞著園區跑步嗎？這個畫面實在和霸氣郭董有太大的落差，所以我每次聽他說諾基亞的故事，都因為腦中有很多想像，覺得非常好笑，但也覺得小郭變郭董的故事十分勵志。

滑蓋UP新型手機與電梯的關係？

慢慢的，諾基亞也認識鴻海這家公司，發現鴻海時常能解決很困難的設計製造問題，承諾的事也都能辦到。郭董描述有一次他接到諾基亞公司採購的緊急電話，對方說諾基亞正在研發一款新式手機，但目前是最高機密，原本委託給一家歐洲公司開模試產，但已經六個月了，一直失敗，所以問鴻海願不願意試試看。不放棄任何機會的郭台銘先生打包票說一定做到，結果真的就在十五天內解決了歐洲公司半年來無法解決的問題。因為必須保密，諾基亞當時只提供了「關鍵的部分設計圖」給鴻海，所以郭台銘先生帶著這個手機的部分零件樣品趕往芬蘭。

經過轉機十幾個小時到達芬蘭首都赫爾辛基，冬天芬蘭的日照很短，當地氣溫是零下十幾度，沿路的雪堆得和行駛的車子一樣高，轉車又三個多小時才到諾基亞的工廠。這次他不用等設計師了，換設計師等他，因為急著想看樣品，設計師好奇為何這半年都無法突破的問題，一家亞洲公司竟然十五天就完成。他把新手機樣機拿出來，安裝上郭台銘先生帶去的樣品。這時，郭台銘先生才終於看到整支手機的樣貌，原來是直立式的滑蓋新手機，旁邊還有個按鍵，只要一按，手機就會滑蓋升起。

當時郭董第一次看到這種設計，覺得非常新鮮。問題解決了，在閒聊中，郭先生問設計師說：「你很有創意耶，你在這裡做多久了？做過幾款手機啊？」設計師回答：「沒有啊，我才剛來不久。」郭先生又好奇追問：「那你以前在哪家公司啊？做什麼的呢？」設計師回答：「我先前就在諾基亞公司對面的另外一家通力公司（KONE）上班，是專門設計電梯的。」

依我個人觀察，許多成功的人都很會問問題，也常從別人的答案中解讀出許多我們想不到的資訊。每次故事講到這位設計師先前是在電梯公司工作，郭董就會有一種發現祕密的眼神，因為這支按鈕就會滑蓋UP的手機剛好與電梯有類似的概念。想想看電梯是怎麼行進的？按了鍵就上上下下的箱體滑動！當把這個上上下下的概念放在手機上，忽然間有一種「哦，原來是這樣啊！」的想法。「老猴子要不出新把戲」是郭董為這個故事下的註解，但原本的諾基亞設計師們也因為慣性而同質，所以剛好有了電梯設計師帶來的新構想。

慣性會阻礙創新

每個人都有一個慣性，會一直做一些熟悉且不斷重複在做的事情，尤其是對於過往成功的經驗。我們時常會想要複製成功經驗，卻陷入「思考慣性」的泥淖。我們每天要做許多大大小小、有意識或無意識的決定，然而，這些原本經過思考判斷後才做的行動，如果變成「習慣動作」，就潛藏僵化的危險。

這支滑蓋式手機為什麼一直放在郭董的桌子上呢？為什麼他時常不斷的重複講這個故事呢？我猜是因為鴻海已經是一個規模不小、超過四十年的公司了。郭董認為不管是自己或高階主管們，都很容易受制於過去，不容易跳脫原本的窠臼，但企業的經營必須隨時因應時勢改變，如果沉溺在以往的成功經驗，迷信自己的法則可以所向無敵，讓決策成為一種「慣性動作」，這樣處在瞬息萬變的市場中，就很容易失敗。慣性會阻礙創新，創新需要不同的刺激，創新需要更多的想像。

電梯的設計師運用相同的經驗在不同的產業上，因為跨界而產生出很棒的創作，但是如果永遠侷限在經驗下設計，也很難再有突破。這支手機可能是他的成名作或代表作，但也有可能會變成「唯一」的作品。

郭董放在桌上的手機，是用來提醒自己，當公司夠大夠資深，就會有更大的瓶頸，需要不斷的挑戰自己的慣性。他也用這個故事提醒大家，別小看慣性思考的影響，要有自覺的「跨出舒適圈」，接受更多「變動的元素」。想跟上世界的腳步，「老猴子一定要能學會新把戲」。

要出新把戲的三種能力

為了讓「老猴子學會新把戲」，我們應該持續修鍊以下這三種能力：

一、想像力就是你的超能力：

花點時間想像一下你的工作，如果可以用其它的方法完成，那會是什麼？最簡單的想像法就是「借位思考」，就像諾基亞設計師因為過去設計電梯，借位思考後就為手機創造出一個過去沒見過的設計。試著想像自己變成一位電影導演，你會用什麼方式完成現在的工作？如果換成是一位家庭主婦，又會用什麼方式？不同的人就會有不同的做法，「借位思考」經常能幫助你打開侷限住的想像力。

二、批判性思考能力：

批判性思考簡單說就是先了解別人的思考模式，再建立自己的思考流程。可以先驗證別人的方式，照著別人的方法做一遍，並思考「還有沒有其他方法」，就如同郭董所說：「一抄，二研究，三創造，四發明。」

三、對於失敗的學習能力：

發現錯誤，勇於承認錯誤；提高自己對於錯誤的心智耐受度，想盡辦法將問題解決，把失敗當成學習。郭董說，失敗的人找藉口，成功的人找方法。用學習的心態面對困難，會創造出新的解決方式。

這三種能力中，最能一體適用，快速得到成長，而且每個人都做得到的，就是第三項。只要能「勇敢試」，錯了能「勇敢改」，由做中學，試了才知道自己的想像是否能成為真實，也才能訓練假設及驗證的批判性思考能力。

偏偏許多人往往職務越高、越資深，就不敢試，也不願意試，總是以「多做多錯，少做少錯」的方式面對大小事。

做對的事，勇敢嘗試

還記得有一年霸王寒流來襲，一位單親媽媽向永齡的社工詢問：「聽說寒流會很冷？家裡沒有厚棉被，擔心小孩，所以想問問看何處可以申請？」我們馬上請人把棉被送去，同時緊急開會討論，這到底是單一偶發性需求，還是許多弱勢家庭的困難？許多弱勢家庭平常是共蓋一條棉被，要是更冷一點，就多穿兩件衣服睡覺。

我記得那時離寒流來襲只有四天，初步了解後，台灣沒有任何單一廠商有一萬條棉被以上的庫存，必須多方大量採購，加上驗貨出貨等程序，根本來不及在三到四天內送到需要的人手上。當時郭台銘先生人在國外連絡不上，雖說正確的事不應該被恐懼打敗，但真的要執行，心裡還是嘀咕著說，最糟的狀況不過就是出錢出力還會讓郭董被全國揶揄吧。那天晚上我做的惡夢就是夢見報紙上斗大的標題：「郭台銘愛心棉被，送到恰好曬太陽」，據說是因為極端氣候，霸王寒流一走，就會出太陽。

正所謂錢要花在刀口上，好事也要做在最適當也最需要的當口上。過去基金會的老把戲就是支持一些慈善團體，分配資源，但有沒有什麼更好、更讓需要的人有感的做法呢？老猴子要有新把戲，但更需要勇氣，沒做過的事很可能會做錯啊。最後，我們找到家扶基金會願意一起承擔這個任務，並且一步步克服困難。

我們為了動員社會的力量，開了一個臉書專頁，設立專線，向媒體發布徵求棉被的訊息，請求廠商自行品管質量，先出貨後付款，還要協助送至各地家扶中心。在危急時刻，台灣人的善良和熱心不落人後，許多棉被都是老闆們親自開好幾個小時的車子載送到指定地點，一萬條棉被中也沒有發現任何一條質量不好；長榮航空在天氣稍微穩定就馬上協助運送棉被到離島；家扶同仁包括郭守正等永齡社工全台動起來，親自送達許多身心障礙不便或是山區家庭。

郭董雖在國外，知道後也打電話來表示棉被不夠可以追加無上限，還好最後我們在寒流到之前順利完成任務。霸王寒流一來，人們全國到處追雪，而永齡和家扶則是一起追棉被。

拿出勇氣，為環境做些改變

有一年為了救老鷹，一位小學生寫信給郭台銘，要他支持《老鷹想飛》這部電影。還記得郭董把孩子邀請到鴻海土城總部，全班的小孩都說要來看郭台銘。郭董當時正在會議室裡開會，據說正在討論著一項數百億的收購案，但孩子、老師、導演，包括所有媒體都已被安排等候許久，還好我探頭探腦的引起注意，於是郭董先把會議擱著。

從會議室走到孩子的記者會場途中，他問：「像這樣的安排，應該要讓我和孩子先見個面……」聽到這裡，我的血液有稍微凍結了一下。但所幸沒有安排就是最好的安排，孩子們童言童語，郭董真情流露，如果先見過面，或許就沒有火花了。因為這個孩子的一封信，我們後續支持了Design For Change（DFC全球孩童創意行動挑戰）的三年計劃，最後一年還邀請了全球超過一百個國家的孩子到台灣辦年會，就是為了延續孩子們想要改變世界的勇氣，並將勇氣變成行動。

這些年我們探索了很多過去基金會沒有做過的事，也為鴻海開創了一個台灣規模最大的獎學金計劃，獎學金十萬元，因為我們不願意孩子準備了一大堆申請文件，但最後的金額卻連學費也付不起。郭台銘先生也同意這樣的看法，他說要真正能為優秀清貧的孩子解決負擔，而不是為了增加申請的人數；獎學金也不限中低收入戶證明申請，其中還有因為父母親都坐牢，孩子非常認真向學但不想讓任何人知道他家中情況，雖然無人推薦我們也接受申請，真正照顧到被社會安全網漏接的孩子們。

照顧數十萬名偏鄉兒童的永齡鴻海台灣希望小學已有十多年歷史，有些當年在小學受到照顧的孩子們，現在已經長大，考上大學後為了感念過去曾幫助他們的希望小學，自己也加入了課輔老師的行列。郭台銘先生有一次到花蓮親自見到這幾位同學，對十多年的計劃能幫助這麼多的孩子好好長大，感到很欣慰。永齡鴻海台灣希望小學也很快的將和合作夥伴推出線上教學平台，可以突破過去時空與地域的限制，提供小學國、英、數的全科教育。過往的課程只能在合作的大學課輔老師可抵達的偏鄉地區授課，而未來任何地方只要有電腦、手機、網路就可以上課，能擴大服務到更多偏遠地區，計劃中也會讓一般學童可以使用。

任何新的試錯機會，都要感謝郭台銘先生和他的夫人曾馨瑩，還有基金會董事長郭守正等，他們出錢、出力，時不時還要承擔我嘗試些新專案的風險，卻從未責備過我。在投入基金會工作的幾年中，看了許多沽名釣譽、表裡不一的人，而郭先生一家人在公益慈善方面的作為，不應該因為首富的名號而被漠視。郭台銘先生一生不炒股，不炒房，最大的資產就是鴻海公司，每年鴻海股利扣稅之後，光是捐建台大癌醫並支持癌症研究的二百多億，就等於要不吃不喝捐出七到八年，更不用說對於其它公益的支持。永齡基金會就是純做公益的基金會，不是為了轉移資產或安排家族傳承。能夠為這樣的基金會工作，可說是三生有幸。

從當年做社會記者時旁觀者的角色，到現在有機會能親身參與，不管是協助受災災民，還是照顧身心障礙的朋友，扶持偏鄉的弱勢孩童，看過與聽過的每一個故事都帶著救贖的力量。我的前半生有「無知的樂觀」，也因此變得有了「知的悲觀」；我自知「有點逞強」，常是洗了頭才發現水怎麼這麼冰，還好因為老天爺的厚愛，從不曾給過我無法跨越的難關。

有一位登山家墨瑞說：「人在下定決心之前都會猶豫不決，隨時都可能退縮。」這樣的下場往往就是徒勞無功，一事無成。只有當你下定決心投入的瞬間，神的手也會開始動作，這時世間的一切都會成為助力。勇氣本身即包含了天賦、能力與實現奇蹟的力量。希望我們都能為了新把戲拿出勇氣，讓我們為所處的環境貢獻一點點心力。

20 準備一分鐘說話

在職場多年後，我覺得若有些事能在二十歲就知道要學，一定會對人生有很大的助益，「一分鐘說話法」就是其中之一。不光是從二十歲開始學，而是要活到老學到老。如果說腳踏實地的做事是「一」，那「一分鐘說話法」的功力就是在一後面不斷的加上零，經常是百倍、千倍的回報。

有些上班族常抱怨自己做得多，但被看見得少，事實上只有極少數的人真的準備好要讓人看到。如果你不信，請做個測驗：請簡單扼要的用一百個字描述一下你本週做了什麼事？

想必很多人一時之間可能說不清，答不出，又或者只能交代流水帳，聽完也沒印象。

在創業圈有一種簡報方式叫「電梯簡報」，顧名思義就是利用坐電梯的時間，把一個創業概念說得有趣精彩，吸引投資人注意。坐電梯可能最多一到三分鐘吧，當然不可能把一件事說清楚，因此，這關鍵的一到三分鐘到底該說什麼，才能爭取到另外十到三十分鐘的時間呢？

養成增加腦中談話模組的習慣

我在奧美時就自己研究了這種「一分鐘說話法」。面對一般客戶，我都經常想幾個一分鐘的短講，不管是開場、寒暄、提問、讚美等等，而對熟悉的客戶，我也會準備例如市場資訊、競品動態、產業八卦等等不同的一分鐘內容，有時看到發人深省的文章，也濃縮成一分鐘，增加和客戶的「談資」。

有人認為說話是一種天賦，但我認為要把話說得精簡有意義，是可以練習的；因為只要透過準備與系統性的思考整理，捨去大量資訊並去蕪存菁後，一分鐘的內容準備起來其實不困難。經過長時間的訓練，腦中會存下大量的一分鐘模組，最後在各種場合都能應用；看起來毫不費力，但其實是刻意練習。

我建議大家都可以養成增加腦中談話模組的習慣，把你目前從事的領域、工作或專案等等非機密事項，運用一分鐘的時間把大綱和亮點說出來。就算工作沒人會問你，也沒機會主管報告，卻可以成為一種自我練習，還能用來做為與他人的談話內容，增加自己的社交深度。

郭台銘先生非常忙碌，在我管理基金會之後，他並沒有太多時間可以聽我詳述細節，也沒有固定的會議時間，反而是經常突發提問與交辦。所以我並非時間到了才準備要講什麼，總是要在腦海中把最近發生或正在執行的一些事情依類別或重要性排列組合，然後在心裡練習，準備在任何時刻能隨時說明或請示意見。有人會問說是否可以用筆記寫下來練習？當然可以，但最重要的還是要讓自己隨時可從腦中提取，隨時說得出來，才是掌握一分鐘說話的精髓。

訓練一分鐘說話術

要如何訓練「一分鐘說話術」？最重要的是要先「有意義」。

一、先說「有意義的結論」，看重「捨」的能力：

意義，是對聽者有意義，而不是解決自己的難處。對我們來說，自己的工作就是全部天地，但是對上司或老闆來說可能只是滄海一粟，而且公司越大的老闆，時間和精力就被切割得越零碎。如果你習慣起承轉合，鋪陳太多，老闆是真的沒有耐心聽你說。

舉個例子，如果你希望老闆同意你外包工作經費，應該怎麼說？許多人會把遇到的困難先講一遍，然後要求老闆同意外包的經費。這段話在描述困難這段就會「落落長」，再加上老闆不見得了解專案細節，所以容易越聽越不耐煩，還會開始出現質疑。這就是典型的「只想解決自己的工作困難，但對老闆卻缺少意義」的對話。

讓我們換個「一分鐘說話術」重整一下看看：「老闆！我想請示某專案的外包計劃，在質量兼顧下，就算外包應該還可以有百分之三十的利潤。我做了詳細的估算，訂單在期限前完成沒有問題，想請示意見。」

用一分鐘爭取十分鐘。有些需要細節的老闆當然不會這樣結束，但老闆已明白不賠錢，能準時，品質沒問題，其他就是驗証你的話是否經得起考驗。

就算是負面議題，也應該先談結論。我曾經看過一個案子因為天氣因素交貨延遲，專案負責人需要跨部門協調，卻碰了一鼻子灰，只好跑去找老闆解決，但一開始就從部門之間的爭端說起，聽了半天，他的老闆仍一頭霧水。

現在讓我們用「一分鐘說話術」重整：「老闆，A專案因為天氣因素，來不及在期限前交貨，我很抱歉跨部門溝通成效不彰，急需您的幫助，我有一份報告已詳述事件內容與建議，是否可以給我更多的時間說明細節……」

一分鐘說話的要點就是請「以終為始，說出重要且有意義的話」，就是最好的禮貌。

如果是感性內容，經由許多一分鐘的準備，更能讓你與眾不同，讓人對你「印象深刻」。舉個例子：一般人被問到工作中遇過最大的挑戰是什麼？擁有最大的成就是什麼？大部分人會從某一天開始描述某一件事的細節，最後才說出認知的挑戰或成就，有時還說不出結論。

天底下沒有新鮮事，除非你是具有傳奇性的名人，否則請設計一個有記憶點的結尾去彰顯你的故事。舉例來說：「我了解人生不是取決於命運和過去的創傷，而是自己的思考方式。挑戰與成就是一體兩面，只要願意，我認為沒有辦不到的事。」其實，這段結尾放在各種挑戰或挫折的案例都是可以通的，做各種小片段的準備，以便隨時在腦中提取。

大部分的人說話沒重點的原因，是認為細節無法捨去，其實不管你說了多少內容，聽者最多只能記住一到三句話，所以關鍵在於一句話如何令人印象深刻，經常閱讀，準備一分鐘「談資」，會讓人覺得你有點「聰明」，進而也會對你的能力和表現有較大的認同。

二、學會塊狀歸納資訊：

把同樣或類似的內容放在一起。許多人會遇到的困難是越想越多，落入了細節的誘惑，所以要練習把類似的想法、內容歸納在一起，一次只講一個。

在工作上先學會在腦中塊狀歸納後，試著整塊挪移順序。例如：今天辦展覽，先在腦中分類，第一塊是依時間發生的流水帳，第二塊是和客人相關的特殊事件，第三塊歸納展場相關的優點與缺點，第四塊是自身感想或收穫。每一塊都先用「一分鐘說話術」整理，然後依據對象，把關於談話者有意義的擺在第一塊來說明，接下來依重要性說其他內容，沒必要說的也可跳過不提。

「塊狀歸納資訊法」用在上司找你討論事情時，我建議順序是好消息講前面，發生的困難講中間，最後就是收穫或待辦事項，若還有時間，氣氛也適合，可以多講一些自己的感想。

常常練習描述職場現況，有助於讓人覺得你永遠都在狀況內。職場現況可以包括：第一，發生了什麼好事？如果發生困難但你已經解決了，就把它納入好事；第二，有什麼鳥事？如果困難正在解決或者還沒有辦法解決，那就是鳥事，描述鳥事時，在最前面要想像把鳥事解決後會有什麼好結果，再回頭提要如何解決鳥事；第三，有什麼有趣的事？這一類其實叫做「不關你的事」，但能描述有趣的事，就是在培養觀察和說故事的能力。

三、用好的書面內容為一分鐘加持：

「一分鐘說話術」就像是「電梯簡報」一樣，是開啟談話的鑰匙。準備一個好的書面內容，為這一分鐘的結論補足它的論述、背景資訊及部分細節，但一張A4紙大小是最適當的長度，其他背景資訊可再做為其它附件資料。

在工作上，我們時常需要更多來自上司或老闆的協助，讓我們能成就好事，改變鳥事，學習有趣的事。受到傳統教育方式的影響，很多人以為「我只要默默努力的做好自己的工作，總有一天會被看見」。但別說成千上萬人的公司了，光是上百人，誰能看得見永遠不出聲的人呢？每一次適當的發言，都是被看見的機會，但好的發言不會在你沒有累積的情況下發生。

掌握「一分鐘說話術」，隨時練習，才能為自己樹立良好的個人品牌與形象。「一分鐘說話術」經常會在不經意的時刻，為大家帶來不可思議的好處。

關於人生，想想墓誌銘

每次健康檢查醫生問診到我的家族病史，就會提醒我一定要定期接受檢查，因為我的母親是乳癌轉移到腦部過世的，我的外婆也有乳癌病史，最近我的阿姨也確診乳癌，正在進行治療中。

我們家族的乳癌型態是三陰性，只佔乳癌患者百分之十到十五，卻是最棘手的類型。這一型的腫瘤長大及惡化的速度都很快，只能做傳統化療，不適用標靶治療，而且復發機率高，五年存活率也相對不佳。這就好像是在人生的門口掛鈴鐺，打開門時就會響起，好像有事又其實沒事。

自己整天忙進忙出的，偶爾會意識到這個鈴鐺的意義，督促自己趕點時間，別浪費健康的日子。

我說時間不歸管，所以只能善用。放在「人生到底能活多久？」這個大哉問上，就更明白：把時間用完，人就離開，其實也不是自己可以決定的。

「活在當下」是句老話，但我們一直以來仍是擔心得太多，卻做得太少。

我是一個心態正向但心理健康可能常常需要專業幫助的人，例如曾經有的躁鬱、憂鬱、職場冒牌貨症候群、需要尋求認同或歸屬的不安全感，或是經歷對人生的「信任危機」等等。感謝在寫書的過程中，陪我聊天的許多朋友，也讓我發現有這些「症頭」的人還不少，尤其是幾位我一點也想像不到的對象，他們聽到我的故事，竟然覺得鬆了一口氣。每個人的人生賽道都很像人生「賽到」，總有挑戰和難關在等著。

我不知道我人生門口的鈴鐺會不會斷落？或是何時斷落？

有一次，參加一個心靈成長課程，老師說，想好墓誌銘後，就是為自己先蓋棺論定，有了此生的信念，人生比較不會走鐘。當時我心想，希望我的孩子會在我的墓誌銘，為我寫上：

我的母親是一位有勇氣的人，她教會我們：關於人生唯一要知道的事，就是做了才知道。

我的母親是一位願意調整自己、改變觀點看世界的人，她的「失敗」都只是面臨「挑戰」。

我的母親到離開這世間之前，都樂觀的願意照顧別人，那「不是看起來很強」，而是她真的一直很努力「變得很強」。

希望這本書，會有部分內容幫得到你。

最後感謝曾經在職場、人生中提攜我、幫助過我的人，以及我親愛的家人、我每個公司的好夥伴們，我的人生因為你們而勇敢，而精彩。

國家圖書館出版品預行編目(CIP)資料

人生賽道,勇敢試也要勇敢放棄/劉有彤著. -- 初版. --
臺北市 : 遠流出版事業股份有限公司, 2021.03
面； 公分
ISBN 978-957-32-8985-2（平裝）

1.自我實現 2.職場成功法

177.2 110001565

人生賽道，勇敢試也要勇敢放棄

作者／劉有彤

主編／林孜懃
校對協力／廖珪璇、江博云
封面設計／謝佳穎
內頁設計排版／陳春惠
行銷企劃／鍾曼靈
出版一部總編輯暨總監／王明雪

發行人／王榮文
出版發行／遠流出版事業股份有限公司
地址／臺北市南昌路二段81號6樓
電話／（02）2392-6899 傳真／（02）2392-6658 郵撥／0189456-1
著作權顧問／蕭雄淋律師

□2021年03月05日 初版一刷
□2021年04月10日 初版四刷
定價／新台幣380元（缺頁或破損的書，請寄回更換）

ISBN 978-957-32-8985-2
遠流博識網 http://www.ylib.com E-mail: ylib@ylib.com
遠流粉絲團 https://www.facebook.com/ylibfans